CB005249

Do chão ao topo

ROGÉRIO GABRIEL

COM JOAQUIM CASTANHEIRA

Do chão ao topo

A saga do empreendedor que criou a maior rede de escolas profissionalizantes do mundo

APRESENTAÇÕES

Pedro Luiz Passos

Juliano Seabra e Luiz Guilherme Manzano

Mauricio de Sousa

Copyright © 2017 by Rogério Gabriel

A Portfolio-Penguin é uma divisão da Editora Schwarcz S.A.

PORTFOLIO and the pictorial representation of the javelin thrower are trademarks of Penguin Group (USA) Inc. and are used under license. PENGUIN is a trademark of Penguin Books Limited and is used under license.

Grafia atualizada segundo o Acordo Ortográfico da Língua Portuguesa de 1990, que entrou em vigor no Brasil em 2009.

CAPA Mikka Mori e Eduardo Foresti
FOTO DE CAPA Rafael Roncato
IMAGENS DE MIOLO pp. 1, 2, 3 (acima), 5, 6: acervo pessoal; p. 3 (abaixo): Roberto Setton/ Abril Comunicações S/A; p. 4: MoveEdu/ divulgação
PREPARAÇÃO Alexandre Boide
REVISÃO Jane Pessoa e Adriana Bairrada

Dados Internacionais de Catalogação na Publicação (CIP)
(Câmara Brasileira do Livro, SP, Brasil)

Gabriel, Rogério
Do chão ao topo : a saga do empreendedor que criou a maior rede de escolas profissionalizantes do mundo / Rogério Gabriel, com Joaquim Castanheira. — 1ª ed. — São Paulo : Portfolio-Penguin, 2017.

ISBN 978-85-8285-061-9

1. Educação profissionalizante - Brasil 2. Empreendedores - Biografia 3. Gabriel, Rogério 4. MoveEdu I. Título.

17-07648 CDD-338.04092

Índice para catálogo sistemático:
1. Empreendedores : Biografia 338.04092

[2017]
Todos os direitos desta edição reservados à
EDITORA SCHWARCZ S.A.
Rua Bandeira Paulista, 702, cj. 32
04532-002 — São Paulo — SP
Telefone: (11) 3707-3500
www.portfolio-penguin.com.br
atendimentoaoleitor@portfolio-penguin.com.br

SUMÁRIO

UM TROPEÇO E O SUCESSO

Um dos grandes desafios do Brasil é colocar a economia na rota de um crescimento vigoroso e consistente. Só assim será possível resolver os problemas sociais que nos afligem e dar perspectiva de um futuro promissor aos brasileiros. Nessa jornada, não podemos abrir mão do poder de transformação que o empreendedorismo carrega dentro de si — ele está na raiz dos processos de desenvolvimento econômico mais relevantes desde o início do século XX, como mostram os casos dos Estados Unidos, do Japão, da Coreia do Sul e, mais recentemente, da China.

Empreendedores são homens e mulheres que, imbuídos de uma ideia e de um propósito, não sossegam antes de colocá-los em prática e transformá-los em atividades de forte impacto social. E, durante sua trajetória, enfrentam uma série de obstáculos de ordem legal, tributária e regulatória. Mas nem por isso deixamos de encontrar exemplos de gente que superou esses entraves e criou companhias inovadoras e bem-sucedidas.

Rogério Gabriel fundou uma pequena escola de informática em 2004 e, como ele descreve em *Do chão ao topo*, nesse curto intervalo transformou a MoveEdu na maior rede de ensino profissionalizante do mundo. Eu o conheci quando participei do painel de aprovação de seu nome como Empreendedor da Endeavor, entidade da qual sou membro do conselho.

Uma de suas iniciativas mais ousadas ocorreu em meados de 2017, ao adquirir três redes de escolas pertencentes ao grupo britânico Pearson: a S.O.S, a Microlins e a People. Esse passo arrojado, característico de seu ímpeto realizador, demonstra o potencial do empreendedorismo brasileiro, uma força que infelizmente está longe de se manifestar em toda sua plenitude.

Segundo o Global Entrepreneurship Monitor, projeto conduzido pela London Business School, um terço dos brasileiros entre dezoito e 64 anos dedica-se ao próprio negócio — o maior índice entre os 68 países pesquisados. Mas boa parte desse universo escolheu tal caminho por necessidade, e não por vocação. Esse tipo de empreendedorismo é importante para minimizar os efeitos do desemprego, embora não traga para a sociedade os mesmos benefícios do chamado empreendedorismo de alto impacto, que gera efeitos econômicos e sociais graças ao seu dinamismo e à intensidade de sua inovação. A MoveEdu, por exemplo, atende hoje cerca de 400 mil alunos, que sairão dos cursos com uma capacitação profissional que pode mudar suas vidas e a de suas famílias. Enfim, um enorme impacto social.

A questão é como fazer com que casos como o de Rogério Gabriel se multipliquem no Brasil. Em primeiro lugar, é necessário estabelecer condições mais propícias para o surgimento e o fortalecimento de novos negócios. A estrutura tributária, por exemplo, é um empecilho, em função de sua complexidade e do alto custo exigido para administrar uma infinidade de impostos, taxas e contribuições. As imensas barreiras burocráticas também precisam ser removidas, facilitando a obtenção de licenças e da documentação para criar e consolidar empreendimentos.

A carga fiscal é, em geral, elevada para qualquer atividade econômica e, em particular, para negócios em sua fase inicial. Mais: as fontes de financiamento públicas e privadas ainda são escassas.

Enquanto não conta com um ambiente de negócios mais amigável, o país depende da vontade férrea de gente que não sucumbe às adversidades e persiste no sonho de construir algo que fará diferença. Antes da MoveEdu, Rogério Gabriel fundou uma rede de lojas de produtos de informática que chegou a ter oito unidades. Tempos depois, quebrou e perdeu quase todo o seu patrimônio pessoal, conforme relatado nestas páginas. Reergueu-se a partir da pequena escola de informática aberta em 2004. Sua história mostra que o insucesso pontual muitas vezes é parte do aprendizado para a construção de um negócio pujante e sustentável.

PEDRO LUIZ PASSOS
Cofundador da Natura
Membro do conselho da Endeavor

"TRANSFORMAR A VIDA DE UMA PESSOA É BOM; MUDAR A DE MAIS DE MEIO MILHÃO É INCRÍVEL"

Nove de junho de 2011, o dia em que Rogério Gabriel e a Endeavor se conheceram. Tínhamos estudado as redes de educação que se multiplicavam pelo sistema de franquias, e a Prepara chamava muita atenção já naquela época — pelo crescimento acelerado e por estar posicionada entre as melhores do setor mesmo com poucos anos de fundação. Tentávamos contato com o Rogério havia semanas e fomos para a feira da Associação Brasileira de Franchising (ABF) focados em bater no estande da Prepara à sua procura.

No começo ele reagiu desconfiado, não conhecia muito bem o trabalho da Endeavor e deve ter achado tudo aquilo muito estranho. "Quem são essas pessoas me convidando para participar de um processo seletivo? Quem é essa Endeavor? ONG de apoio a empreendedores?" Foram algumas das perguntas que certamente passaram por sua cabeça.

Como estava muito ocupado recebendo potenciais franqueados e vendendo o sonho grande da Prepara, que um dia seria uma das maiores redes não só de ensino, mas de franquias do Brasil, ele sugeriu que o encontrássemos na unidade Santana, em São Paulo, no dia 21 de junho, às quatro da tarde. Ele faria uma apresentação mais íntima para alguns candidatos a franqueados, uma ótima oportunidade para conhecer melhor o negócio e depois conversar com ele com mais calma.

Fomos encontrá-lo mais uma vez e ouvimos atentamente cada detalhe da apresentação. Conforme o Rogério palestrava, nos encantávamos cada vez mais! (Acho que só não comprei uma unidade da Prepara porque não tinha dinheiro guardado...) Naquele momento tivemos uma forte intuição de que estávamos diante de um futuro Empreendedor Endeavor. Imagine a nossa felicidade: analisamos milhares de empresas por ano em todo o Brasil para encontrar em média doze cujos empreendedores receberão nosso apoio. Dias como aquele eram muito raros!

Rogério conheceu melhor o trabalho da Endeavor e conseguimos vencer sua desconfiança inicial. Nos meses seguintes se sucederam inúmeras conversas com mentores da Endeavor, responsáveis por sabatinar o Rogério, até que ele chegou à última etapa nacional do nosso processo seletivo: apresentar seu negócio para o conselho da Endeavor, composto por Jorge Paulo Lemann, Beto Sicupira, Pedro Passos, Laércio Cosentino, Fábio Barbosa, entre outros.

Rogério foi muito bem! Lembramos como se fosse ontem.

Ao final da apresentação, Beto e Jorge começaram a cochichar. "Ele vai crescer demais", um dizia, enquanto o outro respondia: "E nem vai precisar de investimento!". Ouvir a opinião daquela banca tão qualificada só reforçava nossa confiança no Rogério e no sonho em construção da Prepara.

Etapa nacional vencida, começamos a nos preparar para a etapa internacional, o International Selection Panel (ISP), que aconteceria de 8 a 10 de maio de 2012. Como esperávamos, Rogério foi aprovado com folga e de forma unânime pelos seis painelistas do mundo todo que o avaliaram. Começava oficialmente ali a relação entre Endeavor, Rogério e Prepara.

De lá para cá foram centenas de horas de mentoria, eventos, viagens... Rogério sempre foi muito dedicado. Talvez como os melhores alunos da Prepara, que encontraram a prosperidade no estudo e no trabalho, ele construiu seu caminho aprendendo com quem já tinha feito e, ao mesmo tempo, colocando em ação tudo aquilo de que tinha ouvido falar. Era só uma questão de tempo para que surgisse uma oportunidade que permitisse a ele dar um grande salto.

"O principal aprendizado nesse período de relação com a Endeavor é que o sonho é grande mesmo, mas é possível. Além de, é claro, descobrir como fazer uma boa execução para que o sonho não fique só no sonho", conta o Rogério.

Curiosamente, marcando seis anos de aniversário de história com a Endeavor, a oportunidade apareceu. E, como bom "aluno" que foi nos últimos anos, Rogério estava preparado e a aproveitou.

Em 24 de maio de 2017, a Prepara anunciou a compra das tradicionais marcas Microlins, People e S.O.S, que pertenciam à Pearson Education. Com o negócio, surgiu a MoveEdu, uma das maiores redes de escolas de cursos livres profissionalizantes do mundo, com mais de 1100 franquias espalhadas por todo o Brasil. A MoveEdu vai atender a diferentes perfis de público e de necessidade dos profissionais através das marcas Prepara Cursos, Ensina Mais, English Talk, Pingu's English, Microlins, S.O.S e People.

A empresa capacita e prepara para o mercado de trabalho cerca de meio milhão de alunos. Assim, o Rogério se mantém em sua missão de transformar o Brasil — e até outros mercados — por meio da educação.

Com o negócio, a MoveEdu é hoje cinco vezes maior que em 2012, quando o Rogério se tornou Empreendedor Endeavor. "Nesse período, estruturamos nossas marcas e melhoramos muito a gestão. Se não tivéssemos passado por esse processo de profissionalização, de ter uma estrutura organizacional clara, mas ao mesmo tempo dar mais autonomia aos profissionais, mais poder de ação, não teríamos condições de 'digerir' essa aquisição", conta o empreendedor.

O sentimento de 9 de junho de 2011 continua firme — estamos apenas no começo! E o Rogério mantém aquele sonho grande: "Nossa missão-base é transformar o Brasil por meio da educação, então de fato temos de ter volume. Transformar a vida de uma pessoa é bom; mudar a de mais de meio milhão é incrível".

JULIANO SEABRA E LUIZ GUILHERME MANZANO
Diretores da Endeavor

EDUCAÇÃO E EMPREENDEDORISMO

A educação é o único caminho para que o Brasil supere seus graves problemas sociais e econômicos. Esse entendimento foi um dos motivos que me levaram a estabelecer uma parceria com o grupo MoveEdu, fundado por Rogério Gabriel, cuja história é contada neste livro.

Tempos atrás ele nos procurou e, a princípio, desejava apenas se apresentar e conversar. Aos poucos, foi ganhando espaço. De minha parte, fiquei interessado pela temática (a educação), pelos projetos, pela metodologia da empresa e pelas ideias de Rogério. Afinal, também temos uma filosofia voltada para a educação — em nosso estúdio, o Mauricio de Sousa Produções, sempre oriento o time para que todos os projetos nasçam com viés educacional, porque isso, ao lado do lazer e do entretenimento, faz parte da nossa vocação.

Nós fazemos muitos produtos ligados à educação, temos uma intensa relação com escolas e trabalhamos com campanhas e revistas pedagógicas. Assim, quando surgiu a possibilidade de parceria com a MoveEdu, desenvolvemos depressa uma identificação mútua que amadurece a cada dia e já gerou a iniciativa Programas Educacionais Ensina Mais Turma da Mônica. E não para por aí: em conjunto, ainda podemos fazer muito mais pela área educacional, compartilhando a força de nossos personagens e nosso know-how no relacionamento com os públicos infantil e juvenil.

Fiquei muito impressionado com o Rogério: ele pensa grande, é ambicioso, sabe o que quer e tem os pés no chão, o que é importantíssimo para os negócios. Pessoalmente, gosto de trabalhar com gente que esteja nesse patamar. Empreendedores são pessoas que olham para a frente. Há quem os chame de messiânicos, como se algo superior indicasse o caminho para eles, mas não é isso, não. A gente se prepara para o empreendedorismo.

Mas de que forma? É evidente que há uma base educacional cultural na formação do empreendedor, além da vivência da infância à vida adulta, passando pela juventude. Ao longo desse processo, definem-se os objetivos e as metas para atingir a realização pessoal e profissional — que é inerente ao ser humano, porque todo mundo sonha em se realizar de alguma forma. Foi assim comigo. Costumo dizer que, em última instância, sou um sobrevivente, um homem que começou do nada, realizou seu sonho e não quer desistir dele de jeito nenhum.

A história de Rogério também deve ter sido assim. Seus objetivos para o setor de educação têm origem nas experiências pessoais, e durante anos ele foi pavimentando o caminho para a consolidação e o crescimento de sua empresa. Tenho certeza de que a empresa do Rogério vai continuar crescendo, como mostra a aquisição das três redes de escolas do grupo Pearson. E a parceria com a Mauricio de Sousa Produções pode ajudar ainda mais nessa expansão.

O empreendedorismo, acredito, é um caminho importante para o crescimento econômico. Nos Estados Unidos, a história do país se confunde com a história de seus empreendedores, mas, por aqui, ainda não temos essa cultura. Vários brasileiros têm se destacado nesse campo, embora estejamos atrasados por diversas razões. Aqui, quem faz sucesso e ganha dinheiro não é reconhecido como deveria. No entanto, o espírito empreendedor não nos falta, e sim as oportunidades e as condições para que ele se manifeste. Para mudar essa situação, precisamos de boas escolas e de bons cursos — em resumo, precisamos de educação.

Por isso, é importante que casos bem-sucedidos sejam contados, como está fazendo o Rogério Gabriel. Eu também já dei este passo — em *Mauricio: A história que não está no gibi*, contei minha trajetória com começo e meio. O fim, como para todo empreendedor, ainda está longe.

MAURICIO DE SOUSA
Criador da Turma da Mônica

INTRODUÇÃO

Um propósito; um negócio

Em 2014, acompanhado de minha esposa, Andrea, tirei um breve período de descanso logo depois de uma viagem de negócios à Inglaterra. Durante um de nossos passeios pelas ruas de Londres, ela chamou minha atenção para um edifício de linhas clássicas, cuja imponência remetia à ideia de solidez. Era a sede da Pearson, um dos maiores grupos de educação do mundo, com forte atuação no mercado brasileiro. Falei um pouco sobre a importância da empresa para o setor e concluí: "Um dia quero ser essa fortaleza de relacionamento e projeção".

Foi inevitável lembrar dessa história no dia 24 de maio de 2017, dentro da sala de reuniões de um importante escritório de advocacia localizado na região da avenida Brigadeiro Faria Lima, em São Paulo. Aquele encontro fechava com chave de ouro um processo de negociação extremamente sigiloso. Pelo acordo, a GP Franchising, empresa fundada por mim, adquiria três marcas de ensino profissionalizante que pertenciam à Pearson no mercado brasileiro: Microlins, S.O.S e People.

Tratava-se do passo mais ousado em minha trajetória empresarial desde 2004, quando, com uma chave de fenda na mão, aparafusei mesas e carteiras para abrir a primeira sala de aula para ensino de informática da Prepara Cursos, que se tornaria o embrião da MoveEdu, o maior grupo de escolas profissionalizantes do país. Com a aquisição das três bandeiras da Pearson, minha empresa, em um só lance, dobraria de tamanho. Meu comentário anos antes em Londres parecia adquirir um tom premonitório, embora fosse, na verdade, a manifestação do sonho grande, que faz parte do repertório de qualquer empreendedor.

Embora tenha várias canetas, fiz questão de assinar o documento com uma simples Bic, como forma de reforçar na largada dessa nova etapa um dos principais traços de nossa cultura empresarial: a redução de custos e a gestão parcimoniosa dos recursos da organização.

Naquele dia, a GP Franchising se tornou a maior rede de escolas profissionalizantes do mundo. E foi rebatizada como MoveEdu, nome mais adequado à nova fase inaugurada pela incorporação. É a terceira denominação do grupo desde 2004, quando foi fundado. Primeiro se chamou Prepara Cursos. Depois, com o lançamento das demais bandeiras, criei uma holding, a GP Franchising, enfim renomeada como MoveEdu. O nome representa nosso entendimento da educação como motor de transformação, através da inovação e do avanço pessoal em todas as suas potencialidades. Todos esses valores compõem o DNA do grupo desde seu nascimento. Por isso, e para facilitar a compreensão do leitor, utilizarei ao longo do livro a nova denominação, MoveEdu, mesmo nos momentos anteriores ao seu surgimento.

Em 2017, a rede de escolas franqueadas dobrou de tamanho, saltando para mais de 1100 pontos. Em nossas salas de aula, espalhadas por todos os estados brasileiros, estão matriculados 390 mil alunos — e os efeitos positivos atingem um grupo bem maior de pessoas. O diploma de um curso profissionalizante tem reflexos na vida de um jovem e de sua família. Se considerarmos que cada estudante vive numa família com três a quatro membros, isso significa que, por ano, cerca de 1 milhão de brasileiros são impactados por nossos cursos — número que representa 0,5% da população brasileira. Em um período de dez anos, esse número equivale a 5% dos brasileiros. Um impacto social gigantesco, que atende a um dos principais anseios de qualquer empreendedor.

A partir daquele momento, com faturamento anual de 600 milhões de reais, a MoveEdu passou a abrigar sete redes diferentes — Prepara, English Talk, Pingu's English, Ensina Mais, S.O.S, People e Microlins, além de um portal de empregos, o Programa +Empregos —, oferendo um leque de cursos profissionalizantes nas mais variadas especialidades, da administração de negócios ao ensino de idiomas, da informática à área de saúde.

Cada uma das marcas tem sua própria personalidade, mas todas estão unidas por valores construídos e incorporados ao longo de mais de duas décadas de empreendedorismo. Esse conjunto de valores não surgiu de reuniões em salas fechadas; sua gênese está no dia a dia, no relacionamento com nossos clientes, no trabalho conjunto com a rede de franqueados e no companheirismo da equipe interna da MoveEdu.

Os valores da companhia funcionam como um guia que indica o caminho para decisões corretas, além de corrigir o rumo quando nos afastamos dele. E consideramos os equívocos como parte fundamental do sucesso, em função dos ensinamentos que trazem. É por isso que um dos valores da MoveEdu prega justamente o seguinte: "Não somos perfeitos — reconhecemos nossas falhas e estamos sempre em busca do aperfeiçoamento contínuo".

Os conceitos que regem a trajetória de um empreendedor, em geral, nascem da própria prática e de sua experiência de vida pessoal e profissional. Homens e mulheres imaginam soluções para problemas concretos da sociedade e mergulham no projeto de transformar esse sonho em realidade. Esses são os empreendedores. O que os move é uma paixão incondicional, uma vontade férrea de fazer acontecer e a determinação de crescer de forma contínua.

O processo de aprendizado constante de mais de 25 anos pode ser resumido em sete lições que aprendi sobre empreendedorismo: respeito às raízes; sonho grande; resiliência e esforço; inovação; parceria; ousadia e liderança. Elas foram cruciais no desenvolvimento da MoveEdu, assim como na negociação para adquirir as três marcas do grupo Pearson.

Esta é a história de um sonho grande que se concretizou a partir de trabalho, paixão incessante, vários acertos e outros tantos tropeços, transformados em ensinamentos preciosos que conduziram a avanços. É a trajetória de um negócio com profundo impacto social que, desde 2004, entregou, numa estimativa conservadora, diplomas para mais de 5 milhões de alunos — destes, 350 mil saíram de nossas escolas já com uma colocação no mercado de trabalho.

Um caso aparentemente banal ocorrido anos atrás mostra como esse negócio pode melhorar a vida de nossos alunos e das pessoas ao seu redor. Na véspera da Páscoa de 2013, entrei numa loja de brigadeiros para comprar alguns presentes para minha esposa e meu filho, André. Vestia uma camisa polo com a marca Ensina Mais, a rede de apoio escolar pertencente à MoveEdu.

Uma cliente da loja ficou me observando, até que resolveu falar comigo e perguntou se eu trabalhava na escola. Depois que me apresentei, ela contou que estava ali para comprar uma caixinha de brigadeiros que a filha levaria para o professor da Ensina Mais. A menina frequentava a escola havia seis meses e, desde então, sua vida tinha se transformado — para melhor.

Até alguns meses antes, a criança obtivera resultados ruins na escola, tornando-se alvo de cobrança dos pais e dos professores. O convívio com os colegas também tinha se deteriorado. Foi quando a mãe descobriu a Ensina Mais. Já nas primeiras semanas, o desempenho da filha deu sinais de evolução. As notas azuis começaram a aparecer, e com elas outra criança surgiu: mais confiante, mais orgulhosa de si mesma, mais sociável. "Nossa vida mudou da água para o vinho", concluiu a mulher, entusiasmada.

Sem perceber, ela resumiu de forma precisa o propósito da MoveEdu — algo que vai muito além do ensino. Não temos como missão apenas transmitir conhecimentos curriculares; queremos ajudar nossos alunos a se tornarem pessoas ainda melhores. Acredito que as experiências retratadas neste livro podem inspirar empreendedores em diversos estágios de desenvolvimento — do jovem à frente de uma start-up ao líder de um negócio consolidado que depara com os desafios decorrentes do crescimento acelerado e contínuo.

Caso consiga atingir tal objetivo, este livro desempenhará um papel coerente com o propósito da MoveEdu: transformar pessoas, torná-las ainda melhores e ajudá-las a realizar seus sonhos.

CAPÍTULO 1

Respeito às raízes

O EMPREENDEDORISMO TAMBÉM NASCE EM CASA

Em meados da década de 1960, pouco mais de 2 mil pessoas moravam em Taiuva, na região de Ribeirão Preto, interior de São Paulo. Entre elas, meu avô, meu pai, minha mãe — enfim, boa parte da família Gabriel. Só não nasci lá porque, cidade pequena, Taiuva sequer tinha hospital. Quando minha mãe sentiu as primeiras dores do parto, meu pai a levou para Bebedouro, a trinta minutos de viagem. E lá eu nasci, em 18 de dezembro de 1964.

De qualquer forma, minha passagem por Taiuva foi breve. Com pouco mais de um ano, nos mudamos para Catanduva, também no interior de São Paulo. Não era novidade para a família. Meu avô e meu pai carregavam algo de nômades no sangue.

A saga dos Gabriel no Brasil começou com meu bisavô Savério Gabriel, um italiano que desembarcou por aqui na passagem do século XIX para o XX, já casado e com um filho de colo. Como tantos outros imigrantes, Savério trabalhou na roça até comprar um sítio de seis alqueires, onde plantava café. A família cresceu e, com ela, a mão de obra (ou seja, os filhos) para trabalhar na lavoura.

Somente meu avô, Miguel Gabriel, percebeu que daquele jeito a vida "não ia virar", o que, em seu dicionário, significava o desejo de melhorar, evoluir. Até hoje utilizo a expressão e, mais do que isso, esse ímpeto de construir coisas. Se o espírito empreendedor da família tem uma data de nascimento, um big bang, foi no dia em que meu avô deixou o sítio para morar em Taiuva.

Lá trabalhou como mascate e em seguida arrumou um emprego em uma companhia de beneficiamento de café, processo que transforma o fruto em grãos. Quando a energia elétrica chegou à região, o dono da empresa, João Neves, resolveu vender sua máquina de beneficiamento a vapor para substituí-la por uma mais moderna, alimentada por energia elétrica, e estabeleceu um valor mínimo para o equipamento antigo. Então chamou meu avô: "Miguel, quero vender esta máquina. O que você conseguir acima do preço que estabeleci é seu".

Meu avô foi à caça de compradores no "sertão de São José do Rio Preto", chamado assim porque na época a região era pouco povoada e com grandes extensões de terra ainda virgens. E em José Bonifácio, um pequeno município da região, vendeu o equipamento pelo dobro do valor mínimo estipulado por Neves. Desde então, a família tem se saído bem fazendo negócios em São José do Rio Preto (justamente a cidade que hoje abriga a sede da MoveEdu).

Com o dinheiro, seu Miguel adquiriu algumas sacas de café e foi negociá-las em cidades distantes, amealhando um bom lucro. Depois comprou mais sacas de café e seguiu a rotina, até que aquela atividade evoluiu e se transformou numa pequena empresa de comercialização do produto.

Meu pai sucedeu meu avô à frente da companhia, anos depois. Nascido em 1935, Wartanir Lúcio Gabriel revelou pouca disposição para os estudos e, ainda adolescente, fugiu da escola. Mas nada de preguiça. Agitado, dono de um raciocínio rápido e estruturado e de uma memória de elefante, ele não se concentrava nos cadernos e livros. Meus avós não ficaram muito satisfeitos e arrumaram um emprego para Wartanir num empório da cidade antes que meu avô o convocasse para participar do seu negócio, que, no futuro, viria a se chamar Taiuva Comércio de Café.

A inquietação de meu pai não diminuiu, e ele canalizava a energia para o trabalho. O escritório era um tormento para ele. Sua sala, localizada no fundo do armazém, permanecia fechada a maior parte do tempo: ele preferia viajar e tratar diretamente com os clientes a se enfurnar atrás de uma mesa abarrotada de papéis.

Desde cedo eu me sentia atraído por aquele mundo. Aos sete anos, passei a frequentar a empresa no período em que não estava na escola, e pequenas tarefas, como separar documentos e organizá-los, preenchiam meu tempo. O que me empolgava mesmo era conversar com os funcionários e observar meu pai negociando. Sempre que possível, sobretudo nas férias, eu o acompanhava nas visitas aos clientes mesmo fora da cidade.

O café é uma commodity e, como tal, sofre com oscilações bruscas em razão das diversas variáveis que influenciam no preço: demanda interna e externa, safra, qualidade, estoques, entre outras. Assim, a negociação se transforma numa espécie de jogo em que cada um dos participantes lança seus argumentos para obter as condições mais favoráveis. Para mim, aquilo funcionava como um Banco Imobiliário da vida real. E o prazer pela negociação se instalou no DNA da família — hoje, nada me satisfaz tanto no universo corporativo quanto conversar com empresários e executivos e desenvolver projetos conjuntos.

Outra lição que poderia ter aprendido com meu pai era seu desprendimento em relação às empresas que criava. Embora se dedicasse intensamente, ele não estabelecia uma relação emocional com o trabalho. Caso não enxergasse perspectivas de crescimento para determinado negócio, ele o passava adiante. Eis uma de suas frases prediletas: "Um dia minha empresa vai quebrar. Então, vou vender antes de esse dia chegar".

E assim ele fez. Nem mesmo a Taiuva Comércio de Café, com toda a herança emocional que carregava, escapou da força desse princípio. Em 1975, meu avô e meu pai se desfizeram da companhia. Com o dinheiro (bom dinheiro, aliás) cada um comprou uma fazenda. Em sua propriedade, seu Wartanir cultivava laranja e café numa área de oitenta alqueires. Nos anos seguintes, com a incorporação de vizinhos, a extensão das terras atingiu quatrocentos alqueires. As coisas caminharam bem até 2002, quando ele deu uma nova guinada, fiel ao princípio de largar o negócio antes que o negócio o largasse. Depois de passar adiante a fazenda de café e laranja, comprou canaviais no interior de São Paulo. "Laranja já deu o que tinha que dar", sintetizou ao explicar os motivos da transação.

Qual o legado dessa história para mim como empreendedor? Antes de tudo, a incrível disposição que ele sempre demonstrou. Meu pai era incansável. Deixava evidente o gosto com que fazia as coisas. Não recordo uma única ocasião em que se queixou de cansaço.

Por sua influência, acordo todos os dias às cinco e meia da manhã, e meia hora depois estou na academia. Saio de lá às sete, vou para o escritório e, entre as oito e as nove, estudo inglês. O expediente começa, em geral, no estacionamento, pois sempre acabo encontrando um ou outro funcionário, e já despachamos ali mesmo.

A partir da participação em reuniões com meu pai e observando seu jeito de encaminhar a conversa, construí meu próprio estilo de negociação. Somos diferentes nesse campo: ele fala bastante e conduz o diálogo; eu ouço mais do que falo. Por mais que sejam polêmicas ou agressivas, as opiniões de qualquer interlocutor sempre têm pontos positivos, e me apego a eles para construir uma relação de confiança com esse parceiro, seja um franqueado ou um fornecedor.

Ao contrário de seu Wartanir, não sou explosivo. Minha inquietação não se manifesta na eloquência do discurso, e sim na sucessão de projetos com os quais me envolvo. Agir dessa forma exige muita confiança. Nesse ponto a influência de minha mãe, Edmir do Carmo Panobianco Gabriel, foi decisiva. Sempre otimista, ela desenvolveu minha autoestima com palavras de incentivo mesmo nos momentos mais difíceis. Os efeitos de seu apoio foram incorporados à minha personalidade. Adquiri uma enorme autoconfiança, trunfo crucial nas passagens mais desafiadoras de minha vida. Minha mãe falava para eu nunca pronunciar a palavra "azar" — aliás, esta é a primeira e a última vez que ela aparece neste livro.

Costumo brincar que de tanto minha mãe falar que eu era ótimo acabei acreditando, embora durante a infância e a adolescência fosse meio desengonçado. Acolhedora e conciliadora por natureza, dona Edmir ouvia muito e mantinha uma relação harmoniosa com todas as pessoas de seu relacionamento.

Durante minha infância, concedeu muita liberdade. Todos os dias, eu e meus amigos de escola e vizinhança nos reuníamos para jogar futebol no quintal de casa no meio da roupa lavada e estendida no varal, com muita gritaria e bola nas paredes. Dona Edmir nunca reclamava — ou melhor, quase nunca.

Fabricante de pipas

Em contrapartida à liberdade que ela me dava, eu oferecia um desempenho escolar (modéstia à parte) de fazer inveja, com destaque particular em matemática. Uma professora da matéria me chamava de "Camcam", acrônimo para "Campeão, Campeão". Essa facilidade com números e o prazer de fazer negócios, outra vocação que se manifestou ainda na juventude, ajudam a explicar por que segui o caminho do empreendedorismo anos depois.

Com cerca de dez anos de idade, tive uma experiência decisiva para essa escolha. Com capricho, fiz uma pipa. Um garoto viu e quis comprá-la. Cobrei cinco vezes o custo original do brinquedo. A partir daí, não esperei pelos "clientes" e passei a produzir "em massa". Cada vez mais coloridas e diversificadas no formato e no tamanho, elas faziam sucesso no bairro onde eu morava. Demanda em alta, preços idem. Mas a grande satisfação estava menos em ganhar dinheiro e mais em concretizar uma venda.

As influências de meu pai e de minha mãe foram fundamentais para minha formação como empreendedor. Volta e meia me perguntam sobre o papel da família na trajetória de um empreendedor. Com minha esposa, que é psicóloga, aprendi que existem duas denominações para famílias: a família de origem e a família atual.

A família de origem molda profundamente o estilo de gestão de um empreendedor. De certa forma, ele carrega para dentro do negócio valores e princípios aprendidos com parentes próximos. As relações entre empreendedores e sua rede de parceiros (dos funcionários aos clientes; dos fornecedores aos concorrentes) também refletem o ambiente familiar.

Quem leu a excelente biografia de Steve Jobs, escrita pelo jornalista americano Walter Isaacson, entenderá como o início de vida trágico do fundador da Apple influenciou profundamente seu comportamento e, por tabela, a cultura da companhia. Por decisão de seus pais biológicos, Jobs, ainda recém-nascido, foi entregue a outro casal, responsável a partir daí por sua criação. Até morrer, aos 54 anos, Jobs não digeriu o "abandono" por parte dos genitores. Muitos de seus conhecidos mais próximos consideram que daí venha o proverbial estilo explosivo, intolerante e arrogante que marcou sua história no mundo dos negócios. Del Yocam, amigo de Jobs, declarou a Isaacson: "Acho que seu desejo de ter controle completo de tudo o que faz deriva diretamente de sua personalidade e do fato de que foi abandonado ao nascer. Ele quer controlar seu ambiente, e vê o produto como uma extensão de si mesmo".

Felizmente, nesse ponto não há nenhuma semelhança entre mim e Jobs. Minha infância e adolescência se desenvolveram num ambiente familiar harmonioso. De meu pai herdei a inquietação, a busca incessante por novidades. De minha mãe, o espírito agregador e conciliador. São legados complementares, não conflitantes. Juntos formaram a base do estilo de gestão na minha trajetória empreendedora. Mas até que isso se manifestasse muita água correria por debaixo da ponte.

Pessoa certa no lugar certo

A facilidade com matemática e com números em geral se mostrou decisiva na minha escolha de curso universitário. Em meados da década de 1980, quando chegou o momento de prestar vestibular, a microinformática dava seus primeiros passos para conquistar o mundo. A tecnologia de informação saía de seu esconderijo tradicional, os centros de processamento de dados (CPDs), e ganhava espaço nos escritórios, nas fábricas e começava a invadir também as residências.

Nomes como Bill Gates e Steve Jobs e suas histórias de inovação disruptiva e riqueza acelerada se tornavam alvo da admiração dos jovens, algo raro até então entre empresários. No Brasil, a velocidade dessa metamorfose era menor do que em outros países, mas a especialização em tecnologia já era apontada como a profissão do futuro.

Entrei na onda ao prestar vestibular para o curso de matemática da computação em três universidades: Unicamp, PUC de Campinas e Mackenzie. Aprovado nas três, optei pela primeira.

A escolha também abria a possibilidade de sair de Catanduva. Até hoje gosto muito da cidade, mas na ocasião procurava novos horizontes, tinha fome de conhecer realidades diferentes. Por isso, mirava num centro maior, e Campinas pareceu uma opção muito apropriada. E de fato foi. A vivência no campus, a proximidade com os professores, a vida em repúblicas estudantis — tudo isso trouxe uma experiência rica e desenvolveu minha iniciativa.

Quando cheguei, acreditava que o curso seria fácil. Na primeira prova bimestral, percebi que estava redondamente enganado. O nível de exigência na faculdade era muito mais alto do que no colégio, e volta e meia eu batia com a cara na parede. Mergulhei nos estudos para não estender minha estadia ali por conta de dependências ou reprovações.

A universidade me deu uma base sólida para escolher meu rumo profissional. Lá aprendi que conhecimento, pesquisa, disciplina, esforço e estudo resolvem grandes problemas. A experiência de vida no campus com um grupo de alto nível formado por alunos, professores e pesquisadores é extremamente enriquecedora e nos puxa para cima, tanto na motivação como no conhecimento.

Portanto, foram dois os ingredientes que formaram meu perfil empreendedor: a vivência e o legado de minha família. Graças a esses fatores, construí um caminho pavimentado pelo estudo, pela teoria e, sobretudo, pela aplicação prática imediata daquilo que aprendi e pesquisei. Mais do que isso, descobri minha real vocação: o empreendedorismo. A carreira acadêmica não me atraía. Os projetos tinham longa maturação, e as decisões eram muito lentas para meu gosto. Não me enxergava dentro daquele ambiente. “Eu não sou esse cara”, refleti, na época.

Eu almejava a dinâmica que só o mundo dos negócios poderia oferecer. Nele eu circularia com desenvoltura e me sentiria confortável e integrado. Dinheiro poderia faltar; qualidade de vida, não. Assim, no quarto e último ano do curso, iniciei a caça a um estágio, sabendo, porém, que o objetivo final era me dedicar a um negócio próprio. Durante os quatro anos de Unicamp, meu desejo de empreender ganhou contornos mais firmes.

Foi quando aconteceu algo que só anos depois pude compreender. Na busca por uma colocação em empresas, eu e diversos amigos da faculdade íamos juntos enfrentar os testes psicológicos típicos dos sistemas de recrutamento de pessoal. E eu ficava muito bravo. Eles se saíam muito bem nessas provas, com resultados superiores aos meus. Minha capacidade técnica, no entanto, não ficava nada a dever aos demais integrantes da turma, como provava meu desempenho escolar.

Só anos depois entendi o que acontecia. Em 1995, já no comando de minha própria empresa, contratei um programa de mapeamento dos recursos humanos, do qual participei, assim como os cinquenta funcionários que lá trabalhavam na ocasião. O objetivo era encontrar a função certa para cada uma daquelas pessoas, de acordo com seu perfil. Os resultados de minha avaliação indicaram que eu gostava de me relacionar com as pessoas e buscar soluções. Não gostava de me dedicar a atividades rotineiras ou direcionadas por regras que podem se tornar uma "camisa de força", como é o caso de estágios em grandes corporações, que na maioria das vezes se limitam ao cumprimento de tarefas operacionais.

Dessa forma, percebi a importância de respeitar as individualidades e as características de cada pessoa na atividade profissional. Em geral, as empresas criam cargos, definem o conteúdo e as responsabilidades e esperam que os funcionários se adaptem a esse conjunto de regras predeterminadas e engessadas pela burocracia.

Uma pergunta para reflexão: não deveria ser o contrário? Uma política de recursos humanos eficaz deve conciliar as necessidades da empresa com os anseios dos profissionais. A convergência de princípios e objetivos leva a um ambiente de trabalho criativo e produtivo.

Mas a pressão para a mudança de paradigma vem dos dois lados. De um lado, as empresas precisam cada vez mais de gente muito comprometida e identificada com seus valores. De outro, as pessoas já não buscam apenas um emprego — perseguem projetos que façam sentido para suas crenças e os tornem satisfeitos, realizados e imbuídos de sentimento de participação na construção de algo relevante. É o que hoje se chama de "pertencimento". Os profissionais não se importam em trabalhar muito, desde que essas premissas sejam cumpridas. Para eles, isso é qualidade de vida.

No final da década de 1980, quando eu buscava estágio, conceitos como esse ainda residiam no campo das boas intenções, não no dia a dia das empresas. Mesmo assim, fui selecionado pela Alpargatas, mais conhecida na ocasião como indústria têxtil do que como proprietária das Havaianas. As sandálias ainda não tinham se tornado um produto global e um case de marketing reconhecido por todo o mercado.

O destino quase me pregou uma peça. No dia em que recebi o telegrama marcando a entrevista final em São Paulo, estava em Catanduva e sofria de cálculo renal, que provoca uma dor quase insuportável. Contudo, não podia perder a oportunidade. E mais uma vez minha mãe me socorreu com apoio e otimismo: "Se você não for, vai ficar pior".

Com a ajuda de um amigo e doses extras de analgésicos (que aliviaram a dor, sem, contudo, eliminá-la), compareci ao compromisso. Transparente, contei ao entrevistador que enfrentava uma crise renal, mas não desistiria do processo de recrutamento. Saí de lá como estagiário do CPD, nome que a área de tecnologia da informação recebia na época. E me mudei para São Paulo.

Fazer acontecer

Minha passagem pela Alpargatas não durou mais de um ano, tempo suficiente para duas descobertas. Primeira: tinha mais interesse pela gestão e pela liderança do que pela parte técnica. Segunda: sentia falta da proximidade do centro decisório. A Alpargatas tinha um organograma gigantesco, com diversas camadas hierárquicas. Só na diretoria eram três níveis.

Logo saí ao mercado em busca de nova colocação. Encontrei-a numa pequena consultoria, a MW, especializada no desenho de planos de cargos e salários e previdência privada, localizada num escritório na avenida Paulista, em São Paulo. Como a estrutura era enxuta, os dois sócios estavam sempre à frente do negócio, o que me aproximava de quem realmente mandava, pois mantinha contato direto com eles. Além disso, havia Pedro Alexandre Pinheiro, um profissional de recursos humanos com larga experiência e meu superior imediato.

O importante, naquele caso, não era apenas o tamanho da empresa, que possibilitava a participação nas decisões, e sim a qualidade das pessoas, como meus três chefes. Com Pedro Alexandre aprendi muito sobre gestão das equipes e liderança. Embora fosse executivo, demonstrava postura de dono — mais de uma vez varou a noite para finalizar um trabalho. Minha admiração por seu engajamento me levou a comentar com minha então namorada e futura esposa, Andrea: "Um dia vou contratar o Pedro para trabalhar comigo. É um ótimo profissional".

Parecia excesso de confiança (ou quase arrogância) de minha parte. Anos depois, porém, Pedro se tornou franqueado da MoveEdu. Naquela época, o desejo de empreender já existia — faltava encontrar o caminho para chegar lá. Mas intuitivamente sabia que, se tivesse um negócio próprio, precisaria de muitos "Pedros" em minha equipe.

Já André de Montigny, um dos dois sócios, era o sujeito dos números — eu também, o que estabeleceu uma forte identificação entre nós. A confiança, aprendi com o trio, se constrói com envolvimento e entrega de resultados. Parte importante da atividade da MW consistia em verificar o equilíbrio interno dos salários de empresas e comparar essa remuneração com as práticas de mercado. Para colocar tudo na mesma base e ponderar as eventuais diferenças de setor e porte das empresas, Montigny criou um índice, estabelecido a partir de uma fórmula complexa e extensa em função do grande número de variáveis que precisavam ser consideradas.

Um dia, sem avisá-lo, apanhei aquela equação, desenvolvi um pequeno programa na calculadora financeira Casio (na ocasião, a marca tinha um prestígio enorme) e mostrei a ele o resultado. Montigny observou em silêncio por um tempo e, de repente, arrancou a calculadora de minha mão. Seu estilo não permitia manifestações de entusiasmo, mas ele realmente se encantou com a simplificação e agilidade que o programa permitia. Minha calculadora só foi devolvida no dia seguinte, depois de ele transportar a fórmula para sua própria calculadora, uma HP.

A fórmula havia sido criada por ele — meu trabalho foi apenas facilitar a aplicação e a utilização dela. A partir de então, o programa desenvolvido por mim se tornou uma das principais ferramentas de trabalho da MW, sendo inclusive apresentado aos clientes como um diferencial oferecido por nós.

Ninguém me pedira para desenvolver o programa. Quem deu a ordem foi minha vontade de "fazer diferente" e "fazer acontecer". Montigny reconheceu isso e, a partir de então, passei a entrar livremente em sua sala para discutir projetos.

As decisões eram tomadas com agilidade, ao contrário do que ocorria na Alpargatas, onde a compra de um lápis exigia o preenchimento de uma ordem de serviço. Já na MW, o processo de aquisição de um computador, item caríssimo à época, se desenrolava com mais rapidez. Embora pequena, a empresa trabalhava com um nível de inteligência muito profundo, devido ao grau de exigência determinado pela carteira de clientes, formada pelos maiores grupos corporativos do país.

Enfim, as coisas andavam bem para mim na MW — bem demais, para dizer a verdade. O futuro se desenhava promissor, apontando para uma bem-sucedida carreira de executivo, com todas as suas tentações: salários altos, bônus atraentes, benefícios e prestígio social. Percebi que tudo poderia dar certo. Eu tinha quase 25 anos e em mais dez ou quinze chegaria lá.

E, ao vislumbrar esse intervalo de tempo (dez a quinze anos), o sinal amarelo acendeu. Era uma eternidade. O ritmo de crescimento oferecido pelo mundo corporativo não me satisfazia. Mesmo com as boas perspectivas na MW, as coisas aconteciam numa velocidade abaixo daquela que eu ansiava. Seriam necessários cem anos para atingir um posto que me garantisse liberdade de atuação e autonomia. Se continuasse naquele ritmo, não teria meu próprio negócio. E as oportunidades numa carreira solo seriam maiores longe dos grandes centros — nas capitais, eu começaria minha vida de empreendedor no banco de reservas.

Além disso, estávamos, Andrea e eu, planejando nosso casamento. Filhos faziam parte do plano. O interior propiciaria uma qualidade de vida para a criação de crianças que dificilmente encontraríamos na capital. Faltava pouco para que Andrea concluísse a faculdade de direito na Universidade Presbiteriana Mackenzie, em São Paulo, e não havia necessidade de permanecer na cidade.

Juntei tudo isso e decidimos nos mudar para o interior paulista. Comparando essa decisão com as perspectivas que se desenhavam na carreira corporativa, dei um passo para trás. Mas, de acordo com meus planos, rapidamente daria dois passos à frente. É como o atleta que recua antes do salto triplo.

Assim, em 1989, um ano e meio depois de entrar pela primeira vez na MW, eu me despedi da empresa e voltei para Catanduva, no interior do estado, onde enxergava mais oportunidades para me estabelecer por conta própria. A vontade de empreender ainda era vaga. O caminho natural indicava o negócio da família, mas a experiência mostrou que isso não funcionaria.

A melhor frustração da vida

Meu pai sempre acalentou a ideia de sucessão familiar para seus negócios. Durante meu curso universitário de matemática da computação, houve um namoro que nunca evoluiu para o noivado. Ele não questionava minha escolha pela Unicamp; só não acreditava na importância da formação acadêmica. Habilidoso na abordagem do assunto, transmitia suas mensagens de forma cifrada e divertida. Volta e meia comentava sobre a oportunidade de eu ganhar dinheiro suficiente para comprar uma caminhonete equipada e moderna ("transada", como se falava na época), objeto de desejo dos jovens de minha geração. Bastava aceitar uma posição em sua empresa.

Certa vez, pediu para que eu explicasse o que era a tal matemática da computação. Apanhei um controle remoto de TV, mostrei como funcionava e expliquei o papel de um "matemático da computação" em seu desenvolvimento. Depois de ouvir atentamente, seu Wartanir, com o espírito prático de sempre, se saiu com esta: "Muito interessante. Mas por que você não larga os estudos, vem trabalhar comigo e depois vamos a uma loja e compramos o controle remoto pronto?".

O teste final sobre o possível casamento profissional ocorreu ainda durante a faculdade. Aproveitei uma longa viagem de lazer de meus pais e assumi o comando de uma propriedade de laranja. Em dois meses, desenhei processos, implantei sistemas de análise e defini procedimentos de gestão. Uma semana depois de voltar do passeio e retomar o batente, meu pai, sem comentar comigo, desfez tudo. Então, tive a certeza de que não poderíamos trabalhar juntos.

Não foi a maior, mas sim a *melhor* frustração de minha vida. Ótimo amigo e conselheiro, meu pai não tinha o perfil de sócio por ser muito centralizador. E, afinal, como todo bom candidato a empreendedor, eu também queria mandar.

Por isso, anos depois, já formado e recém-saído da MW, trabalhar com meu pai era uma opção já descartada. Sem planos definidos para um negócio próprio, aceitei uma vaga na área de informática da Frutesp, uma cooperativa de produtores de laranja hoje pertencente ao grupo francês Dreyfus, um dos maiores conglomerados do agronegócio global.

Localizada em Bebedouro, minha terra natal, a empresa me convidou, em 1989, para tocar um projeto de *downsizing*, muito em voga na época. O trabalho consistia em transferir a base de dados dos grandes computadores, os mainframes, para a rede de micros que começava a ganhar espaço nos escritórios. A mudança era radical, pois entregava ao usuário final (de executivos a trabalhadores com certo nível de qualificação) a possibilidade de acessar diretamente arquivos e manipular informações sem a intermediação dos técnicos de informática.

Na verdade, cheguei à Frutesp já com a intenção de sair. A companhia representava apenas um pit stop. E, se eu tinha dúvidas a respeito de sair ou não, elas se dissipariam logo nas primeiras semanas. A cultura paternalista e acomodada da empresa imprimia um ritmo letárgico às decisões. O fim do dia custava a chegar. Aflito, conversei com meu chefe, um sujeito legal e compreensivo. Com uma agenda carregada de compromissos fora de Bebedouro, sobretudo em São Paulo, ele enfrentava queixas da namorada em razão das viagens frequentes. "Vou passar para você as tarefas que exigem viagens. Assim, você circula mais e não fica preso no marasmo da cooperativa."

As visitas constantes a outras cidades abriram portas para alimentar e encorpar o networking na área. Com isso, a permanência na Frutesp se estendeu um pouco, mas não mais do que um ano — um ano comprido e arrastado.

O balanço final, no entanto, foi muito positivo — inclusive financeiramente, tanto que adquiri um carro e uma moto de 750 cilindradas. Ainda que curta, a experiência no universo corporativo permite ao futuro empreendedor conhecer diferentes modelos de gestão. Além disso, a breve passagem pela Frutesp abriu meus olhos para uma brecha de mercado que começava a despontar. Havia mais gente que dominava a nascente área de microinformática; em alguns casos, até mais do que eu. Mas nem todos tinham a gana empreendedora. E por isso fui em frente.

CAPÍTULO 2

Sonho grande

A SACADA DA PRECISÃO

Naquele início da década de 1990, com o advento dos microcomputadores, a informática deixava de ser assunto exclusivo dos CPDs e começava a ser incorporada ao dia a dia das pessoas, tanto em fábricas e escritórios como em casa.

Nascia um setor, o de microinformática, no qual floresciam novas empresas para atender a uma demanda muito superior à oferta. Os microcomputadores abriam uma macro-oportunidade de negócios. O universo corporativo brasileiro corria para recuperar o atraso em relação aos demais países. Aqui, devido à chamada Lei da Informática — uma reserva de mercado para fabricantes locais —, equipamentos e softwares encontravam-se na Idade da Pedra do ponto de vista tecnológico. Pior: sem concorrência, o setor impunha preços altos (muito altos, aliás) para computadores, impressoras, programas, enfim, tudo aquilo necessário para informatizar uma companhia. Um micro custava impressionantes 10 mil dólares.

Mesmo assim, as empresas não podiam mais esperar para dar esse passo, pois sofriam com a redução da produtividade e, por tabela, com a perda de competitividade. Os controles financeiros precisavam migrar do canhoto do talão de cheques e das planilhas em papel para a tela do computador.

Era um mundo desconhecido e misterioso para as empresas. Muitas delas nem sequer sabiam por onde começar. Graças à minha formação acadêmica e à experiência na Frutesp, eu reunia condições de suprir essas necessidades. Outra "vantagem competitiva": o relacionamento com produtores rurais graças à presença da família no setor agrícola. Se nas capitais, normalmente bem abastecidas nesse tipo de serviço, havia trabalho em profusão, no interior as oportunidades eram ainda maiores.

O interior era, então, o mercado a ser explorado, de preferência a partir de uma cidade não tão grande, mas não tão pequena que não oferecesse a escala para crescer. No primeiro caso, a exemplo de Campinas e Ribeirão Preto, os concorrentes já tinham fincado suas bandeiras. E Bebedouro se encaixava no segundo caso.

Optei por São José do Rio Preto, um centro regional importante no norte do estado de São Paulo. Definida a sede de meu futuro negócio, montei rapidamente meu *business plan* — aliás, um plano de negócios bem rudimentar.

Essa é a sina do empreendedor. Ele não pode esperar que as condições ideais se apresentem espontaneamente — tem que ir buscá-las. E jamais serão ideais. Uma análise apenas racional e "científica" do ponto de vista da gestão chegará à conclusão de que o melhor é não se meter naquele negócio. Mas isso não vale para um empreendedor.

Vontade e fé cega

Nesse big bang dos negócios, ou seja, no instante anterior a seu nascimento, o que vale é vontade, fé cega no projeto e capacidade de realização. Os recursos, em geral, não existem. Você os cria. Nessa fase não há *business plan* que resista às inúmeras variáveis e aos incontáveis obstáculos que aparecem a cada momento.

Em geral, nessa fase o grande desafio parece ser o financeiro. Onde conseguir dinheiro para o investimento inicial? Não conheço nenhum empreendedor que tenha desistido de seu sonho em função da falta de recursos num primeiro momento. Aliás, anos depois li uma frase do indiano C.K. Prahalad, professor de Harvard e consultor muito conceituado, que resumiu da seguinte forma a questão: "Se suas aspirações não são maiores do que seus recursos, você não é um empreendedor".

Quando decidi criar meu negócio, vendi a motocicleta de 750 cilindradas, voltei para a casa de meus pais e troquei meu carro por uma picape usada, que poderia ser utilizada como veículo pessoal e também para o transporte das mercadorias.

Aluguei uma casa numa rua movimentada do centro de São José do Rio Preto com a intenção de transformá-la num showroom. Negociei com o proprietário um período de carência em troca da reforma do imóvel — meu pai bancou essa despesa para mim. Coloquei no papel meus custos básicos (aluguel, energia, remuneração de uma funcionária, entre outros itens) e calculei que meu fôlego duraria seis meses.

Para pesquisar o mercado e prospectar clientes, lancei mão da lista telefônica das cidades vizinhas e da relação de associados da Sucesu, associação nacional que reunia empresas na área de informática. Também aproveitei o mailing da Cooperativa Agrícola de São José do Rio Preto, que obtive graças à minha rede de relacionamentos (aliás, não se constranja em pedir apoio quando necessitar. Se o propósito for virtuoso, as pessoas não negarão ajuda).

Com esses milhares de endereços, despachei duas malas diretas consecutivas. Ao mesmo tempo, investi na publicação de anúncios em quatro fins de semana consecutivos no *Diário da Região*, o jornal de maior circulação em São José do Rio Preto e arredores. O retorno das duas malas diretas foi pífio. Com a primeira delas, fechei acordo com apenas um cliente. Antes mesmo de terminar a reforma da futura sede da Precisão, outras duas empresas, atraídas pelos anúncios no jornal, contrataram nossos serviços.

Um bom começo, à primeira vista. Mas eram contratos pequenos, sem escala. Em algumas semanas, percebi que a resposta do mercado de agronegócios seria muito demorada. As decisões sobre investimentos seguiam no mesmo ritmo — principalmente se fossem relacionadas a novas tecnologias, pouco conhecidas. Jovem empreendedor sem experiência, eu estava mais ligado no produto do que no mercado. No fim das contas, não foi um mau negócio para mim, pois mirei em um alvo e acertei outro, bem mais promissor.

Crise gera oportunidade

O Brasil vivia um momento complicado. O ano de 1990 ficou marcado como um dos períodos de maior recessão na história do país. Fernando Collor de Mello assumiu a presidência da República em março, depois da primeira eleição direta para o cargo em trinta anos. Como primeira medida de governo, promoveu um gigantesco confisco do dinheiro de pessoas e empresas. A economia mergulhou numa crise profunda. Naquele ano, o PIB desabou 4,35%.

Em tese, não era exatamente um bom momento para se aventurar em um novo negócio. Aprendi ali que a conjuntura do país tem sua influência, claro, mas existem boas oportunidades e mercados promissores em qualquer período. Não conheço empreendedor de sucesso que tenha interrompido seus sonhos em função de problemas na economia. Ao longo de toda a minha vida adulta, do começo na faculdade até os dias de hoje, convivi, assim como todos os brasileiros, com um ambiente de instabilidade — fosse política, fosse econômica.

A crise pode ditar o ritmo de implantação e investimento, mas nunca a disposição do empreendedor. Se ele acredita no projeto, vai encontrar na própria crise os motivos para levar seus planos adiante.

Para uma start-up, a variação do PIB não pesa. Há sempre prós e contras. Caso espere por um momento de crescimento econômico para se lançar ao mercado, o empreendedor enfrentará mais concorrência. Além disso, oportunidades de negócios são como ideias no ar — qualquer um pode apanhar.

O Plano Collor provocou desemprego, redução na renda, queda drástica do consumo e desânimo. Por outro lado, naquela época os preços dos computadores caíam vertiginosamente por conta da abertura de mercado e das vendas em baixa. Os fornecedores precisavam desovar sua produção, e os custos para abrir uma empresa eram ínfimos. Ou seja, a crise era profunda, mas carregava em seu ventre uma série de oportunidades. Cabia às pessoas com iniciativa e determinação saltar sobre os cavalos que passavam desmontados.

Enfim, embora o quadro econômico brasileiro não recomendasse, havia condições para iniciar um negócio na área de informática; assim, dei a largada em minha vida empreendedora. Eu não tinha dúvidas sobre o sucesso de minha empreitada — uma certeza que não durou quinze dias. A Precisão tinha nascido para atender ao mercado corporativo na área de informática.

Ao mesmo tempo, um fenômeno que mudaria a face da economia brasileira começou a se manifestar. Na ocasião, não percebi a força desse movimento, mas logo senti seus efeitos. Com a abertura de mercado, a informática começava a entrar na casa das pessoas.

Os microcomputadores perdiam a aura de equipamentos profissionais, cujo habitat exclusivo eram os escritórios, e ganhavam espaço nos lares. Mesmo assim, mantinham a imagem de aparelhos complexos, que exigiam conhecimento técnico para instalação, manutenção e operação — o que, aliás, era verdade. Por isso, logo que os anúncios da empresa apareceram estampados nos jornais, a Precisão recebeu a visita de consumidores interessados em adquirir computadores.

Apesar de contar com um pouco de sorte nesse caso, o espírito empreendedor mostrou-se decisivo para a virada. Ao identificar a oportunidade que se abria diante de mim, logo virei a chave e passei a atender pessoas físicas, abandonando o foco inicial no universo corporativo. Caso contrário, o negócio não pararia de pé. Intuitivamente, evitei o que Peter Drucker, um dos grandes gurus da gestão, classificou como uma das maiores ameaças ao empreendedor em seu livro *A administração na próxima sociedade*. Essa ameaça, segundo o autor,

> ocorre quando o empreendedor tem de enfrentar o fato de o novo produtor ou serviço não ser bem-sucedido onde se pensava que fosse, mas

ser um sucesso num mercado diferente. Muitas empresas desaparecem porque o fundador-empreendedor insiste que sabe mais do que o mercado.

Em seguida, Drucker conta uma história do final do século XIX sobre um jovem formando do Massachusetts Institute of Technology (MIT) que tinha uma fábrica de rolamentos para vagões de trem. As companhias ferroviárias rejeitavam o produto — elas eram muito conservadoras para aquele tipo de novidade. Quem se interessou foi a indústria automobilística, que surgia naquele momento, estava sedenta por inovação e utilizou os rolamentos nos carros que fabricava. Assim, nos vinte anos seguintes ele se tornou um dos principais fornecedores da Ford, até que resolveu produzir seus próprios automóveis. O nome do jovem? Alfred Sloan, fundador da GM.

A Precisão também mirou em um mercado e acabou acertando em outros. Os clientes da loja queriam mais do que levar os equipamentos debaixo do braço: precisavam de alguém que os colocasse para funcionar e oferecesse as primeiras noções de como usá-los. Assim, o segundo funcionário contratado pela Precisão foi um técnico em instalação e assistência técnica em informática.

Ao mesmo tempo, passei a oferecer outros produtos, que eram como satélites gravitando em torno do computador, os chamados periféricos: impressoras, mouses, disquetes, móveis, papel para impressão etc. Como por vezes as pessoas nem sequer conheciam aqueles equipamentos, não percebiam sua utilidade num primeiro momento. Assim, comecei a criar uma imagem positiva com o cliente. Eu era "o cara", o sujeito que informava sobre as novidades e facilitava a adaptação àquele mundo misterioso da informática.

Esse é um princípio importante nos negócios. Até hoje o sigo. Não basta atender ao mercado — é necessário criá-lo, desenvolvê-lo, revelar ao consumidor as demandas que ele próprio não havia identificado. Semanalmente, eu ia a São Paulo buscar os equipamentos que meus clientes haviam encomendado. Para evitar os gastos com hotéis, combinei com um amigo que dormiria em sua casa nas estadas na capital paulista.

As viagens também ajudavam a encontrar novos produtos que eu apresentava para os clientes nas visitas seguintes. Os periféricos atraíam público para a loja, garantiam boa margem de lucro e geravam um bom volume de negócios, o que se refletia em melhores condições de compra e pagamento para a Precisão. O crescimento adquiriu um ritmo acelerado nos primeiros meses. E em 1992, dois anos depois da criação da empresa e já estabelecido, dei passos importantes para levá-la a um patamar muito superior ao de uma start-up.

Empreendedor está sempre em férias

Minha vida pessoal também ia de vento em popa. No mesmo ano, casei com Andrea. E saímos em lua de mel rumo a Miami. Lua de mel, diga-se, típica de empreendedor. Entre passeios e compras, volta e meia eu me metia em alguma loja que me despertava atenção como negócio. Essa história surpreende muita gente. "Negócios durante a lua de mel?", perguntam quando ouvem o relato da viagem.

Bem, estou em boa companhia. No livro *Antônio Ermírio de Moraes: Memórias de um diário confidencial* —, o autor, José Pastore, conta que, durante a lua de mel, o empresário e sua mulher, Maria Regina, passeavam pela Áustria e pela França quando ele resolveu levá-la para visitar usinas de aço e de alumínio. Diante da surpresa de Pastore, ele explicou: "Não foi uma viagem perdida, porque Regina aprendeu coisas interessantes sobre o alumínio".

Andrea, minha grande parceira, sempre me apoiou quando eu escapava do roteiro original do passeio para dar uma espiada numa loja que me interessava ou fazer uma pesquisa empírica de mercado. Ela sabe que sou feliz dessa forma e que vida de empreendedor é assim: tudo junto e misturado. A viagem de lazer se torna uma jornada de prospecção de negócios sem gerar nenhum transtorno.

Enfim, empreendedor ou não sai em férias, ou está sempre em férias. Não é o mesmo, mas é igual. Você, leitor, escolhe. Por isso, durante a lua de mel, visitei todas as grandes redes voltadas para eletrônicos, como a Circuit City e a Computer City. Dei uma esticada até Orlando, mas o "parque de diversões" que me atraiu não foi a Disney World, e sim a CompUSA, a mais inspiradora entre todas as redes de lojas de informática que pipocavam pelo país.

Na ocasião, a empresa era inovadora até para os padrões americanos: tinha cinquenta pontos de venda nos Estados Unidos. Nos anos seguintes, chegaria a trezentos. Passamos uma tarde inteira circulando pelos corredores e pelas bancadas da unidade. Por coincidência, Paulo Coelho, na ocasião já um escritor de muito sucesso, estava por lá, e Andrea pediu para uma pessoa nos fotografar com ele — é bom lembrar que não havia selfie naquela época.

O grande barato da CompUSA era o seguinte: pela primeira vez uma empresa utilizava conceitos de varejo para vender produtos considerados técnicos. Computadores, disquetes, impressoras e outros itens eram dispostos em prateleiras ao alcance da mão dos consumidores, assim como os televisores e aparelhos de som. Os clientes só falavam com funcionários se tivessem alguma dúvida ou na hora de comprar o produto. Enorme, a área de vendas atingia até 1500 metros quadrados.

Essa inovação, além de deixar o cliente mais à vontade, possibilitava que se vivenciassem experiências com equipamentos vistos até então como algo inacessível para os mortais sem a intermediação de um especialista. Aquilo desmistificava o setor de informática e abria espaço para que ele se integrasse ao mercado de consumo, o que aumentaria exponencialmente o volume de vendas.

A tendência revelada pela CompUSA enchia meus olhos. Traduzida para a realidade brasileira, gerava um mundo de oportunidades que eu poderia aproveitar. A Precisão seria a CompUSA brasileira — e essa meta revelava a dimensão do sonho grande que eu cultivava, pois à época nossa loja tinha apenas doze metros quadrados.

Em outra ocasião, visitei um atacadista de produtos de informática cujos clientes eram grandes distribuidores. Depois de duas horas de espera, fui atendido por um sujeito que me entregou um cartão de visitas e indicou um despachante para cuidar da importação dos artigos dos Estados Unidos para o Brasil. E lá fui eu conversar com o despachante. Ele perguntou quantos contêineres eu pretendia importar... Mal sabia que a Precisão era apenas uma "portinha", como dizia a Andrea. Grande mesmo era o sonho.

"Um dia vou chegar lá", prometi a ela. E, de fato, em 1996, quatro anos depois de conhecer aquele atacadista, realizei as primeiras importações para a Precisão. No mesmo ano em que nasceu meu único filho, André.

Pioneirismo no mercado

O maior retorno extraído da viagem foi a consciência que tomei sobre a importância de conhecer as tendências globais em cada área de atuação. É um ponto ao qual o empreendedor deve estar sempre atento. Hoje existem infinitos meios para se atualizar e acompanhar em tempo real o que ocorre na vanguarda de qualquer setor da economia. A sintonia com as tendências gera pelo menos dois dividendos. Um: novas ideias e novos rumos para o negócio. Dois: parâmetros para avaliar o desempenho da empresa.

Havia um longo caminho a percorrer até lá. Em algum momento, eu implantaria o conceito na Precisão. Antes, porém, promovi uma espécie de volta às origens ao criar uma área voltada para vendas corporativas. Mais uma vez, os investimentos foram mínimos, pois busquei sinergias com o negócio já existente.

O local do novo negócio seria o mesmo. O vendedor trabalharia das oito da manhã às quatro da tarde atendendo ao público na loja e das quatro às seis faria as entregas nas empresas. Para o transporte, comprei um Fiat Uno usado. Tirei o banco traseiro e, para disfarçar a idade já relativamente avançada do automóvel, "envelopei" o veículo com adesivos de propaganda da Precisão.

Mais estável e previsível, o mercado corporativo proporcionava uma base para a expansão da empresa. Em 1994, dei um lance ousado, mas necessário e coerente com o que havia visto durante a lua de mel nos Estados Unidos: deixei o imóvel onde a Precisão nasceu e aluguei o piso térreo de um prédio localizado num dos principais corredores comerciais de São José do Rio Preto.

Sem saber, por pura intuição, segui um conselho de Beto Sicupira, um dos maiores empresários brasileiros e sócio do 3G, o fundo de investimentos fundado por ele, Jorge Paulo Lemann e Marcel Telles: "Copiar é a maior inovação". No livro *#VQD — Vai que dá!*, lançado pela Portfolio-Penguin em parceria com a Endeavor, que conta a história da MoveEdu, entre outras empresas, Sicupira escreve o seguinte no prefácio:

> No nosso mercado, podemos copiar melhorando uma iniciativa que já existe em economias maduras. Por isso, antes de inovar, veja se não dá para copiar. Pesquise outras indústrias e outros países e traga o que você aprender para a sua. Tenha orgulho de copiar, melhorando coisas que já existem!

E eu orgulhosamente copiei o que a CompUSA criara nos Estados Unidos. Num espaço de trezentos metros quadrados, montei uma loja semelhante às da rede americana, com prateleiras e corredores onde os produtos ficavam expostos e amplas portas de acesso para a rua. Da organização à comunicação visual, do atendimento às vitrines, tudo remetia ao varejo. E, assim, me aproximei ainda mais de meu sonho grande.

Era uma inovação no Brasil. A Precisão saiu na frente. Tempos depois, surgiu a Plug&Use, uma rede de produtos de informática que inaugurou uma megaunidade em São Paulo. O movimento em direção ao varejo ocorreu no momento certo, quando o setor dava os primeiros passos nesse sentido. Feiras de informática voltadas diretamente para o consumidor atraíam multidões. Em São Paulo, a Fenasoft, uma feira do setor de tecnologia, lotava os pavilhões do Anhembi, o maior centro de exposições do Brasil. Havia também versões regionais desse tipo de evento. Eu participava da maioria, sozinho ou em parceria com fornecedores.

Sim, porque a essa altura os fabricantes de equipamentos também já tinham foco no mercado de consumo. A Compaq, uma das líderes globais na produção de microcomputadores, lançou em meados da década de 1990 o Compaq Aero, um notebook dirigido justamente a esse público. O preço? Cinco mil reais, em valores da época. Uma fortuna.

A percepção da empresa estava correta — havia compradores para aquele tipo de equipamento. Mas a sensibilidade sobre as nuances do comportamento dos consumidores pertencia a nós, empreendedores que desbravavam o mercado. Por isso, comprei um lote inicial de apenas cinco máquinas. Vendi uma. Voltei à Compaq e disse: "O preço correto é metade disso, 2500 reais".

A empresa sugeriu então que, se eu encomendasse um lote de oitenta notebooks, ela daria condições que permitiriam à Precisão praticar o preço de 2500 reais. Negocia daqui, negocia dali, e fechamos um lote de cinquenta unidades. Parece pouco, não é? Mas, na ocasião, não havia cinquenta notebooks na cidade de São José do Rio Preto inteira.

Além de vender todos em breve intervalo, essa ação comercial representou um salto de imagem para a Precisão, pois começamos a vender notebooks em larga escala, fato inédito naquele período de infância da informática no país. Afinal, os notebooks eram símbolo de mobilidade, posição hoje ocupada pelos smartphones. Com o tempo, a Precisão se tornava referência para os consumidores e para os fornecedores. O pioneirismo e a presença em todos os espaços possíveis começaram a torná-la uma marca conhecida no mercado do interior paulista. Com isso, ganhávamos porte, e passei a considerar passos mais ambiciosos. A CompUSA continuava como a grande inspiração. "Se eles têm cinquenta unidades, por que também não posso expandir a presença da Precisão?", refletia.

A oportunidade surgiu em 1995, quando meu sogro resolveu se mudar de uma casa onde morava, no centro de Catanduva. Aproveitei o local vago e, meses depois, a Precisão inaugurou ali sua primeira filial. O volume de vendas da empresa já justificava a expansão física. Com ela, ganharíamos ainda mais poder de barganha nas negociações com os fabricantes e, por tabela, baixaríamos os custos.

Eu não estava pronto, porém, para alçar voos mais longos rumo a grandes centros urbanos, como Campinas e São Paulo. Além disso, a proximidade da filial era necessária, pois a presença física do dono é fundamental, sobretudo nos primeiros tempos. E Catanduva reunia todas essas condições. Com população de pouco mais de 100 mil habitantes, está localizada a menos de sessenta quilômetros de São José do Rio Preto — cerca de 45 minutos de carro.

E foi com base nessa lógica que a Precisão foi fincando sua bandeira nos anos seguintes. Em agosto de 1997, chegamos pela primeira vez a um shopping, em São José do Rio Preto. Um ano depois, abrimos as portas em Votuporanga, a quase oitenta quilômetros da sede. Só demos uma trégua porque, no início de 1999, houve uma mudança brusca no regime cambial brasileiro. Em questão de semanas, o dólar praticamente dobrou de valor em relação ao real. As importações encareceram demais, e a instabilidade econômica fez empresas e consumidores colocarem o pé no freio.

Mas um ano depois a ânsia empreendedora predominou, e dei o salto mais ambicioso de minha carreira solo com a inauguração de uma megaloja em Ribeirão Preto. Mas o que parecia ser o auge de minha meteórica expansão se revelou o salto rumo a um precipício.

Primeiro tropeço

Ribeirão Preto representava o passo mais audacioso no modelo seguido até então pela Precisão. A cidade, localizada a mais de duzentos quilômetros da matriz, em São José do Rio Preto, representava a "capital" de uma grande região metropolitana e um centro econômico pujante, graças sobretudo ao agronegócio.

Logo depois, em 2001, cortei as fitas de mais duas lojas, uma em Jaboticabal e outra em Fernandópolis, ambas no raio de alcance de São José do Rio Preto. Enfim, pouco mais de dez anos depois de começar as atividades com "apenas uma portinha", a Precisão havia se tornado uma das maiores vendedoras de micros no país, com mais de cem funcionários e oito unidades no interior do estado. Os próximos destinos estavam definidos e dariam outra dimensão à companhia: Campinas e São Paulo, a capital.

Os próprios fornecedores apoiaram a expansão acelerada. Para abrir a loja em Ribeirão Preto, contei com uma boa ajuda deles, na forma de financiamento de produtos, condições de pagamento especiais e parceria em parte dos investimentos em publicidade. Não nos limitamos aos jornais impressos da região. Anúncios da Precisão também foram veiculados nas emissoras e retransmissoras das grandes redes de TV do país, como Globo e SBT.

A euforia com o rápido crescimento mascarou, porém, os problemas que começavam a se manifestar. Hoje é fácil identificá-los e traçar caminhos para evitá-los. É um exercício de "médico do dia seguinte" ou "engenheiro de obra feita", mas a compreensão dos erros (e dos acertos também) cometidos naquele momento se tornou um de meus patrimônios mais valiosos para os anos seguintes — e continua servindo como orientação e alerta em cada decisão que tomo no campo empresarial.

Por um lado, é um processo doloroso, que leva a relembrar momentos difíceis, de muita angústia e indefinição. Por outro, são experiências que evitarão novos tropeços, se soubermos aprender com elas. Enfrentei, naqueles idos de 2001, um cenário do que pode ser chamado de "tempestade perfeita", ou seja, quando todos os fatores que influenciam um negócio se manifestam ao mesmo tempo e criam um ambiente desfavorável ao crescimento e à estabilidade da empresa.

De forma didática, podemos dividir esses fatores em dois grandes grupos: os internos e os externos. Os primeiros estão sob controle dos dirigentes, pois dependem de suas decisões — é o caso de todos aqueles referentes à gestão e às decisões estratégicas. Está ao alcance do empreendedor, por exemplo, o controle do caixa da companhia; o acompanhamento dos custos para que eles não cresçam acima da capacidade financeira; o ritmo de expansão; o volume de estoques; os investimentos em promoção e marketing — enfim, uma infinidade de variáveis que fazem parte da gestão de qualquer empresa.

O segundo grupo de fatores, os externos, ocorre à revelia da empresa. Aqui é possível listar, por exemplo, decisões governamentais, mudanças estruturais no mercado, conjuntura local e internacional e até mesmo o imponderável, o acaso. Quem, por exemplo, previu o atentado contra as Torres Gêmeas em 2001, fato que provocou uma crise econômica em todo o mundo?

Esses dois grupos de fatores não são estanques, isto é, não vivem em mundos paralelos. Um alimenta o outro, e o impacto que o segundo (o cenário externo) vai provocar sobre o primeiro (o ambiente interno) dependerá da reação dos líderes de uma companhia diante de adversidades ou surpresas. Os efeitos de uma crise econômica podem ser nocivos em maior ou menor medida de acordo com a resposta da empresa aos desafios que se impõem nessas ocasiões.

A travessia de períodos turbulentos só se torna possível com a preservação daquilo que conduziu até aquele momento: o sonho grande, a capacidade de imaginar um negócio com enorme potencial de crescimento e forte impacto social. Isso é maior do que as adversidades, que são passageiras. O sonho grande permanece intacto, desde que o empreendedor não desista dele.

Pode ser que não se concretize na primeira tentativa, como aconteceu comigo na Precisão. Mas, sem essa experiência, a MoveEdu não existiria com a vitalidade que apresenta atualmente. A Precisão não foi um fracasso — foi uma etapa de aprendizado (doloroso, é verdade) para que eu chegasse ao meu sonho grande.

CAPÍTULO 3

Resiliência e esforço

A REGRA DO JOGO MUDOU

Era um cliente como tantos outros, entre as centenas que entravam nas lojas da Precisão atrás de produtos de informática. Aquele em particular estava interessado na aquisição de um microcomputador. Em alguns minutos de conversa com o vendedor, discutiu sobre os recursos da máquina, a velocidade, a capacidade de processamento, a memória e, claro, o preço. Por fim, perguntou: "Dá para pagar em dez vezes sem juros?".

A pergunta causou certa estranheza em mim e na equipe. Afinal, esse tipo de crédito era comum na venda de eletroeletrônicos, roupas, sapatos, discos, entre outros — enfim, produtos de consumo em geral. Aos nossos ouvidos, naquela ocasião, aquele tipo de pedido não fazia muito sentido para o universo da informática, eminentemente técnico e com características próprias. Trabalhávamos, é claro, com alguns modelos de financiamento, mas não aqueles que costumavam ser utilizados nos mercados mais populares.

O caso me provocou certa surpresa, mas logo se dissipou no turbilhão de tarefas e na correria provocada pelo cotidiano da empresa. Eu dividia meu tempo entre as oito lojas, sem contar as obrigações decorrentes da gestão, dos contatos com fornecedores, das negociações com bancos, entre outras inúmeras funções. Naquele momento, não podia me preocupar com um fato isolado, algo que parecia apenas a idiossincrasia de um consumidor.

Somente anos depois me dei conta do profundo significado do questionamento do cliente. A pergunta singela daquele jovem representava uma mudança radical no mercado em que a Precisão atuava, uma daquelas alterações de rumo que hoje se chamam de disruptivas. Isso mostrava que os equipamentos de informática, sobretudo computadores e impressoras, estavam deixando a categoria de itens técnicos e ingressando no clube de produtos de consumo. Migravam para o terreno das commodities e perdiam o valor agregado que possuíam.

Não se tratava apenas de uma nova nomenclatura. O mercado se organizava de maneira completamente diferente. Os vendedores já não precisavam de um conhecimento técnico profundo. Bastaria apresentar as funções da máquina e indicar como apertar o botão de ligar e desligar. Os programas, que até então tinham de ser instalados pelo usuário, já saíam da fábrica embutidos na máquina. Enfim, operar um computador ficava cada vez mais parecido com usar um televisor.

Os concorrentes não seriam mais outras lojas semelhantes à Precisão, mas sim as gigantes do varejo, como Casas Bahia, Ponto Frio, Extra, Carrefour e outras redes semelhantes. Alta escala passaria a ser o nome do jogo, e quem tivesse maior poder de barganha nas negociações com os fabricantes levaria uma vantagem difícil de ser superada. O preço se transformou numa variável ainda mais crucial na decisão de compra do cliente.

Além disso, um novo personagem, o e-commerce, entrava em campo para participar do jogo. E entrou com fome de bola. O comércio eletrônico caiu depressa no gosto dos brasileiros e se tornou tanto uma opção para a compra de produtos como um instrumento de pesquisa de preços e condições.

Entre 2001 e 2004, ano em que a Precisão fechou as portas em definitivo, o faturamento dos e-commerces cresceu mais de três vezes e meia, saltando de 500 milhões de reais para 1,8 bilhão de reais — uma ascensão que continuou nos anos seguintes. Em 2016, o varejo on-line superou os 50 bilhões de reais.

Um sinal relevante disso era a postura dos clientes. Antes, eles entravam na loja atrás de informações sobre aquele bicho estranho chamado computador. Depois, passaram a chegar com um papel impresso que trazia todas as características do produto que pretendiam comprar — era apenas uma pesquisa de preços. A Precisão estava enfim perdendo o valor agregado que oferecia.

E aí começavam os problemas. Como competir com a força e o fôlego financeiro dos grandes grupos varejistas? Os custos deles seriam sempre proporcionalmente menores do que os de minha empresa. Só que o mercado nem sempre avisa com contundência quando mudanças bruscas estão ocorrendo. Os sinais são tênues. O mercado não grita — ele sussurra que novos ventos estão soprando.

E demorei a ouvir o que os consumidores começavam a manifestar, embora os sinais já fossem perceptíveis para mim — a decisão de abrir mais três lojas (Ribeirão Preto, Jaboticabal e Fernandópolis), por exemplo, já atendia à necessidade de ganhar escala. Até aí, tudo bem — o diagnóstico estava correto. O problema é que os investimentos para a montagem e a inauguração dessas unidades consumiam muito capital, mais do que eu dispunha, já que as margens eram estreitas e o caixa estava muito baixo.

Com o tempo, as vendas começaram a cair. Os preços estampados nos computadores expostos nas prateleiras da Precisão eram maiores do que aqueles disponíveis nas gôndolas de hipermercados, por exemplo. Nós também não tínhamos fôlego suficiente para fazer frente ao poder de financiamento de nossos novos concorrentes. Em 1998, veio o primeiro prejuízo. Nos dois anos seguintes, o vermelho tingiu ainda mais os números.

O caixa secou

Em 2000, houve uma pequena recuperação — na verdade, um breve respiro antes de mergulhar de vez na crise, porque no ano seguinte aconteceu a tempestade perfeita a que já me referi. Num intervalo de poucos meses, a economia na Argentina desabou e contaminou os ânimos no Brasil. Ao mesmo tempo, a crise energética daqui, com racionamento e insegurança no fornecimento, jogou a atividade econômica para baixo. Para completar, em 11 de setembro de 2001, o atentado contra as Torres Gêmeas levou a economia global à estagnação. Era a pancada que faltava. As eleições presidenciais marcadas para 2002 também contribuíram ainda mais para a retração.

Essa conjuntura se estabeleceu num momento de metamorfose do mercado. Os produtos que a Precisão oferecia cabiam em outros canais de vendas, como hipermercados, lojas de eletrodomésticos e o e-commerce. As grandes redes varejistas, com seu fôlego financeiro, baixavam os preços violentamente, comprometendo inclusive suas margens de rentabilidade. Estavam, como se diz no jargão do mundo corporativo, "comprando mercado".

Já o consumidor, além de reduzir suas compras em função da instabilidade econômica, correu para esses novos canais de venda. Diante da queda de faturamento e dos prejuízos recorrentes, entrei numa espiral de perda de dinheiro. Primeiro, consumi todos os poucos recursos que ainda estavam preservados. O caixa secou.

Em seguida, recorri aos bancos. Com os juros estratosféricos praticados no Brasil (que se mantêm até hoje nas nuvens), a dívida se transformou numa bola de neve incontrolável. Nada disso resolveu. Na verdade, a situação só piorava. A etapa seguinte foi atrasar o pagamento para os fornecedores, e, por fim, parei de recolher os impostos. Ao mesmo tempo, comecei a fechar as lojas da Precisão — e foi como se tirasse, um a um, os tijolos de uma construção que eu julgava indestrutível.

Nessa fase, segui um caminho comum aos empreendedores diante de situações de crise. Empenhei dia após dia meu patrimônio pessoal na tentativa de salvar a Precisão. O fiador de um empreendedor sempre é ele mesmo, sua pessoa física. Não há como escapar disso. Assim, com a derrocada dos negócios, minhas contas bancárias secaram. Depois, passei a me desfazer de imóveis e carros. A cada ativo vendido, uma faísca de esperança se acendia — mas, assim como todas as centelhas, depois de uma efêmera claridade ela se apagava.

As portas dos bancos, antes escancaradas para a Precisão, se fecharam. Até para mim, já tarimbado na vida, era duro aceitar a mudança no tratamento. Afinal, era o mesmo Rogério Gabriel entrando na mesma agência do mesmo banco, mas sendo recebido de forma bem diferente. Certo dia, saí irritado da agência, depois de uma discussão sobre minhas dívidas. Eu estava tonto. Entrei no Café Conte, no centro de São José do Rio Preto, vizinho ao banco. Por coincidência encontrei Paulo Sevilhano, um antigo cliente da Precisão.

"Como você está?", perguntou ele, percebendo meu estado.

"Mais ou menos", respondi, e expliquei meus problemas com os bancos.

Ele ouviu com atenção.

"Sabe o que estou fazendo atualmente?", disse ele. "Tenho uma consultoria financeira para quem precisa renegociar dívidas com bancos."

Dali seguimos direto para seu escritório, a uma quadra e meia de distância. Sevilhano pediu que eu organizasse todos os extratos bancários e os levasse para ele. O material foi entregue dez dias depois. Paguei seus serviços parte em dinheiro, parte com um computador do estoque da Precisão. Depois de mergulhar nos documentos, ele encontrou cobranças de taxas inexistentes, cálculos de juros exagerados e outros erros do banco que haviam inflado o endividamento da Precisão.

Com isso, a dívida original tinha saltado de cerca de 500 mil reais para 1,5 milhão de reais. Segundo cálculos do Paulo Sevilhano, eu não tinha débitos com os bancos, e sim créditos a receber. O passo seguinte foi obter uma tutela antecipada e impedir que meu nome fosse incluído na lista dos órgãos de defesa do crédito, como SPC e Serasa.

Seguiu-se uma longa batalha jurídica. Em 2013, Alexandre Villani, nosso advogado, entrou em minha sala e pediu os dados da conta-corrente. A Justiça deu ganho de causa para mim, e o banco foi obrigado a depositar 70 mil reais a título de indenização e devolução de cobranças indevidas. Hoje, a MoveEdu apresenta excelente saúde financeira e somos recebidos com tapete vermelho nos bancos (não aqueles dois, pois nunca mais voltei a fazer negócios com eles). Em algumas ocasiões, vou acompanhado de meu filho André e sempre comento com ele: "Não se iluda com isso. No momento de aperto, tudo desaparece". E concluo com uma frase divertida e verdadeira: "André, banqueiro é aquele que empresta o guarda-chuva para você e pede de volta quando começa a chover".

Do ponto de vista financeiro, tomei duas atitudes que não recomendo a empresas que passam por dificuldades — e elas sempre aparecem na trajetória de um empreendedor. A primeira é o atraso nos impostos. Durante alguns anos, a partir de 2001, não recolhi tributos federais e estaduais. Somente em 2010 consegui quitá-los totalmente. Nunca em minha vida fiquei tão satisfeito em pagar uma dívida.

A segunda atitude que evitaria é a de persistir na busca de compreensão por parte dos bancos. Bobagem. Por sua natureza, instituições financeiras acompanham o histórico de seus clientes e, nos momentos de dificuldade, oferecem o dinheiro mais caro e as linhas de crédito com maiores taxas de juros. Parte dos débitos era indevida em função de atualizações monetárias e multas aplicadas erroneamente. Na época, eu deveria ter deixado o dinheiro aplicado e discutido os valores na Justiça — o que fiz, aliás, porém com mais demora do que o recomendável.

Balanço geral e várias lições

Do doloroso processo de decadência da Precisão extraí as principais linhas de atuação que me orientam até os dias de hoje. O que não faltou durante aquela experiência? Paixão pelo negócio, suor e mão na massa. O empreendedor pode utilizar esses ingredientes à vontade; isso nunca é demais. Esforço sempre fará a diferença.

Outros legados: a credibilidade que conquistei no mercado, porque nunca escondi as dificuldades financeiras de funcionários e fornecedores, e o networking que montei ao longo da existência da Precisão. Ambos contribuíram, e muito, nos primeiros passos rumo à recuperação e no desenvolvimento da nova frente de negócios que abri — ou seja, o grupo de ensino que hoje se chama MoveEdu.

E o que faltou durante aquela experiência? As regras de governança necessárias a qualquer empresa, independentemente do porte. Há um senso comum de que start-ups podem abrir mão de métodos de gestão. É natural que, num primeiro momento, empreendedores joguem toda a sua energia no crescimento do negócio — afinal, é a fase em que, de manhã, ele varre o chão do escritório e, à tarde, senta com um cliente para fechar um contrato.

Em uma fase seguinte, porém, é necessário criar regras de governança e adotar uma organização mínima na gestão, principalmente financeira. Há alguns indicadores que retratam a saúde do negócio e podem ser usados para esse fim. Aprendi a lição com os tropeços da Precisão e, para evitá-los, defini tetos e pisos para esses indicadores na MoveEdu. Vamos lá:

Respeito ao caixa — Na MoveEdu é lei: manter uma reserva financeira equivalente a três meses de todas as necessidades de caixa. Ou seja, se num cenário extremo a empresa não faturar nem um centavo sequer, teremos fôlego para pagar todas as contas e bancar a totalidade das despesas durante um trimestre.

Nível de endividamento máximo — A dívida de uma empresa não deve ultrapassar o nível de três vezes o Ebitda, a sigla em inglês para lucro antes de juros, impostos e amortizações. É um parâmetro conservador e não deve ser visto como uma regra pétrea. Cada segmento da economia tem seu próprio nível de conforto nesse quesito. Seja conservador. O gestor deve levar em conta o estágio de desenvolvimento do negócio — caso ele esteja em fase de crescimento acelerado e, portanto, de investimento, é aceitável que a dívida esteja mais alta. O mesmo ocorre em um setor de capital intensivo, isto é, que necessite de muitas máquinas e equipamentos.

Acompanhe com lupa esses indicadores, que revelam a situação cotidiana dos negócios. Ao mesmo tempo, dedique parte de sua energia ao planejamento estratégico, pesquisando a evolução do mercado, identificando oportunidades que surgem e formando as novas lideranças que sustentarão os projetos futuros.

O sucesso do empreendedor depende da capacidade de equilibrar dois pratos em cima de varas e mantê-los girando para que não caiam, assim como fazem os artistas de circo. Um dos pratos representa o dia a dia; o outro, o médio e longo prazos, a estratégia, enfim. Na Precisão, não me preocupei o bastante com o segundo prato e não consegui levar o espetáculo até o final.

Conviver com a dor

A quebra da Precisão sugou quase todo o patrimônio acumulado desde 1990, quando abri a portinha no centro de São José do Rio Preto. Vendi três imóveis, um carro particular e até uma picape Fiat Fiorino utilizada para entregas e transportes de produtos na empresa. Consegui preservar apenas minha casa e o edifício-sede da companhia. No total, perdi o equivalente a 10 milhões de reais.

Durante anos, as dívidas contraídas nesse período (e toda a insegurança causada por elas) me acompanharam. Anos depois, assisti a *Getúlio*, o filme dirigido por João Jardim e estrelado por Tony Ramos no papel do presidente Getúlio Vargas. Há cenas que mostram o presidente dormindo enquanto o Exército se mobiliza para invadir o Palácio do Catete, então sede do governo federal — uma pressão permanente e angustiante. Claro que o destino do país não estava em minhas mãos, como aconteceu com Getúlio, mas o sentimento de pressão permanente me acompanhou durante anos. A qualquer momento o endividamento poderia me sufocar de vez — tanto profissional como pessoalmente.

Com maior ou menor intensidade, todo empreendedor enfrenta angústias como essa. Não há saída — o que resta é aceitar a situação e perseverar na busca por uma solução gradativa. Aprender a conviver com a dor.

É como participar de corridas de longa distância. Cerca de dois anos atrás, comecei a me preparar para correr meias maratonas. No segundo semestre de 2016, disputei minha primeira prova, em Buenos Aires. No percurso, desenvolvi uma analogia com o empreendedorismo. Ao longo de 21 quilômetros, o atleta suporta a dor física e o desgaste mental sem desistir. Os concorrentes correm ao meu lado, e cada um tenta fazer o percurso no menor tempo possível — a competição é, ao mesmo tempo, com os demais corredores e consigo mesmo. Por que corremos? Pela satisfação de ultrapassar a linha de chegada e superar o desafio. E, no instante seguinte, estamos planejando a próxima corrida. O empreendedorismo é assim: a satisfação de chegar lá é precedida pela dor.

A travessia entre a quebra da Precisão e a construção de uma nova companhia, a MoveEdu, só não foi mais traumática graças ao apoio de minha família. E esse é outro dilema dos empreendedores. Até que ponto a família deve ser envolvida nos problemas que se multiplicam a cada dia numa empresa? E nos casos de crises mais profundas, como a que a Precisão enfrentou? É correto abrir o jogo por completo aos parentes mais próximos sobre a situação real? Ou é melhor protegê-los?

Menos por uma decisão racional, mais por minha personalidade, fiquei no meio-termo. Ao contrário de meu pai, um sujeito mais expansivo e transparente, não coloco todos os meus sentimentos para fora — um estilo reservado que herdei de minha mãe. E assim foi durante a crise. Ninguém, nem mesmo Andrea, soube na ocasião a exata dimensão do rolo em que a Precisão se encontrava. Minha família de origem sabia que as coisas não corriam bem, mas sem fazer ideia do verdadeiro tamanho da encrenca.

Por minha conta, eu procurava preservá-los do sofrimento diante do cenário de ruína da empresa. Eles, por sua vez, tomaram atitude semelhante. Incondicional, o apoio de Andrea foi sensível, generoso, sem nenhum vestígio de pânico ou cobrança. Em momento algum Andrea falou que o negócio estava quebrado. Quando se referia ao assunto, utilizava expressões mais suaves e até eufemismos, como os “problemas do mercado”. Também demonstrava certeza de que as dificuldades eram passageiras e me garantia que “você criou a Precisão, agora vai fazer outra empresa”.

Lembro em particular de algumas ocasiões em que, ao chegar em casa, ela dizia casualmente: “Meu pai passou no supermercado e aproveitou para fazer algumas compras para nós. Depois acertamos com ele". Eu sabia que não era bem assim. Nossa situação financeira precária dificultava até mesmo o abastecimento doméstico de produtos básicos e o pagamento das contas no fim do mês.

Andrea tem uma visão correta sobre a relação entre família e empreendedor. Ela diz que "a família deve estar presente e envolvida com o projeto e, sobretudo, precisa acreditar no empreendedor". Minha esposa tirou muitas lições do período de dificuldades que atravessamos:

> O papel da família é delicado no momento da crise. A reação às dificuldades vai depender daquilo que se construiu nos tempos de prosperidade. Se o processo de crescimento foi saudável e recebido pela família de forma positiva, ela estará estruturada para suportar fases mais críticas. Assim, a crise da Precisão fortaleceu o relacionamento familiar.

A solidariedade de minha mãe vinha de outra forma. Gentil e otimista, não falava diretamente sobre negócios. Entregava livros espíritas e de autoajuda com mensagens de superação e "volta por cima", ou ainda romances leves, apenas para distração. "Leia, você vai gostar", dizia.

A decisão de falar abertamente sobre o assunto apresenta vantagens e desvantagens — e, na minha avaliação, as primeiras são maiores do que as segundas. Por um lado, conforme já comentei, abrir o jogo provoca preocupação e angústia nas pessoas ao redor — e essa é uma desvantagem.

Em contrapartida, há pelo menos três pontos positivos:

1. Muitas soluções para os problemas surgem de outras pessoas. Como elas podem colaborar se não sabem qual a situação da empresa?
2. Você tira um tremendo peso das costas. A carga emocional diminui à medida que você divide os problemas com outros.
3. A crise, paradoxalmente, pode motivar os funcionários, sobretudo aqueles comprometidos com a organização. Se eles conhecem a dimensão da encrenca, se esforçam para procurar saídas.

Mesmo nos piores momentos, sempre mantive um diálogo transparente com minha equipe, e os resultados dessa atitude são gratificantes. Em mais de 25 anos como empreendedor, enfrentei apenas três ações trabalhistas, o que, para a realidade das relações de trabalho no Brasil, é um índice inacreditável.

Elaine Gomes, primeira funcionária contratada pela Precisão, me acompanhou durante todo o processo de desmonte da empresa. Em alguns momentos, os salários atrasaram, e ela, como os demais funcionários, enfrentou dificuldades financeiras e as incertezas típicas dessa situação. Mas Elaine foi a segunda franqueada da MoveEdu quando lancei a primeira marca do grupo, a Prepara Cursos. É um sinal evidente da confiança que sempre depositou em mim. Eu não percebia (ou me negava a perceber) que a crise da empresa não tinha origem apenas na falta de dinheiro. As restrições financeiras eram mais efeito do que causa. Na verdade, o mercado tinha mudado drasticamente.

Paixão na dose certa

Existe um ingrediente inerente ao perfil de qualquer empreendedor: a paixão pelo negócio, o apego profundo que une o criador e sua criação. Mas a paixão também cega: impediu que eu enxergasse com clareza os problemas que se avolumavam na empresa e a inviabilidade que tomava conta do negócio. Se houvesse analisado o cenário com mais racionalidade, provavelmente teria fechado as portas da Precisão alguns anos antes. Algumas unidades, como a de Ribeirão Preto, nem teriam sido abertas. Os prejuízos seriam muito menores. Meu patrimônio pessoal não encolheria de forma drástica como aconteceu. Hoje isso pode soar como a postura de um "engenheiro de obra pronta", mas esse foi o aprendizado que tirei daquele período difícil.

Eis aí uma questão delicada com a qual o empreendedor sempre vai deparar: como atingir o equilíbrio entre o entusiasmo e a racionalidade exigida para a tomada de grandes decisões? Como fazer para que a emoção não ofusque a razão? São perguntas cruciais para o desenvolvimento sustentável de um negócio.

Em primeiro lugar, acredito que não é possível afastar a paixão do ato de empreender. Aliás, não é o caso nem sequer de tentar evitá-la, pois se trata de um componente primordial do empreendedorismo. Esse sentimento difuso, difícil de explicar, é o que nos move rumo à concretização do sonho, mesmo que as condições objetivas — seja do cenário econômico, seja do mercado — deponham contra a viabilidade do negócio.

Andrea sempre diz (acertadamente, aliás) que eu "respiro a MoveEdu" — é meu oxigênio. Da mesma forma, respirava a Precisão. É o apego ao projeto que nos leva a superar as adversidades que, em maior ou menor escala, sempre vão estar presentes nos negócios e na vida de todas as pessoas. Nada disso deve ser desconsiderado. Pelo contrário, precisa ser valorizado.

No já mencionado livro *#VQD — Vai que dá!*, há um capítulo relatando a história da MoveEdu. Em determinado ponto, o texto diz que tenho um "otimismo inquebrantável". De fato, nem mesmo nos piores dias, quando tudo parecia prestes a desmoronar, deixei de olhar de maneira positiva para a frente. A cada dificuldade, procurava um novo projeto.

O otimismo conformista (traduzido em frases como "Um dia tudo vai melhorar") é estéril — nada gera de concreto e positivo. Já o otimismo como meio de buscar energia e encontrar saídas é criativo, levanta o moral e semeia novos projetos. O otimismo não é um fim; é um meio.

O executivo americano Louis Gerstner Jr., responsável pela recuperação e renovação da IBM nos anos 1990, aborda com precisão a necessidade do equilíbrio entre paixão, otimismo e realismo. Para ele, a sintonia fina entre todos esses fatores é um ingrediente importantíssimo da liderança, como revela em seu livro *Quem disse que os elefantes não dançam?*, que li justamente no período em que buscava novos caminhos nos negócios:

> A paixão transbordante dos grandes líderes não substitui a capacidade de raciocínio, a formação de ótimas equipes e a excelência na execução.

Em vez disso, é a eletricidade que alimenta a máquina bem projetada, transmitindo-lhe energia, impulsionando-a para a ação, possibilitando a fabricação de produtos de alta qualidade e criando condições para que funcione melhor.

Gerstner Jr. defende que o envolvimento do executivo com a empresa não é opção, e sim um pré-requisito para uma carreira bem-sucedida:

> Esse tipo de paixão é parte do estilo gerencial dos executivos de primeira grandeza. Quem quer trabalhar para pessimistas? Quem quer trabalhar para um gerente que sempre vê o copo meio vazio? Quem quer trabalhar para um gerente que está sempre apontando as fraquezas da empresa ou da instituição? Quem quer trabalhar para alguém que critica e vê defeitos com muito mais presteza do que encontra motivos para empolgação e expectativas positivas? Todos adoramos trabalhar para vencedores e ser parte de equipes vencedoras.

Esse é um dos fatores que explica o sucesso da MoveEdu. Minha equipe sempre demonstrou paixão, independentemente do patamar hierárquico em que cada um se encontra. Como escreve Gerstner Jr.:

> Acho que os gerentes em todos os níveis de uma organização devem esforçar-se para desenvolver o lado emocional das habilidades de liderança. Quando o conselho de administração da IBM selecionava meu sucessor, a paixão foi um elemento importante. Sam Palmisano [sucessor de Gerstner na presidência da IBM] é um executivo extraordinário — um homem de muitos talentos. Porém, ele nunca teria merecido minha recomendação se não demonstrasse paixão profunda pela IBM, pelo que a empresa significa e pelo que ela é capaz de realizar.

É necessário, contudo, encontrar a dosagem correta do entusiasmo e da racionalidade exigidos pelo universo corporativo. Essa equação pode ser resumida num conjunto de indicadores que medem de forma contínua a temperatura da operação. Eles devem ser cotejados com parâmetros do mercado e com as metas preestabelecidas no planejamento da companhia. Um exemplo disso é monitorar o índice de crescimento de vendas mês a mês e comparar o resultado com o desempenho do mercado e com os objetivos mensais previamente definidos. Isso vale para diversos indicadores, como custos, lucro e outros.

Considerado óbvio para grandes corporações, esse procedimento muitas vezes é ignorado por pequenas e médias companhias. Os números logo manifestam se algo não está indo bem, antes mesmo dos avisos mais contundentes do mercado. Assim, é possível corrigir rumos ou, se for o caso, tomar decisões extremas, desde que isso signifique a sobrevivência e, em seguida, o crescimento do negócio.

Em outras palavras, não há por que hesitar em empurrar a vaquinha para o precipício se não houver perspectivas de que ela se salvará. Com uma gestão eficaz voltada para resultados, é possível identificar com precisão a causa e a raiz do problema, agir de maneira específica para resolvê-lo e, assim, empurrar a vaquinha certa para o precipício.

Mas não se trata de um processo simples. Há pelo menos duas condições necessárias para que esse conceito gere os resultados esperados. Uma é a necessidade de uma disciplina rigorosa no acompanhamento e uma análise minuciosa dos indicadores, de forma que representem em sua totalidade a situação da empresa. Um olhar atento e arguto encontrará não só a realidade do momento, mas eventuais caminhos para correção dos erros e até para o crescimento dos negócios.

Não tente fazer esse trabalho sozinho — e essa é a segunda condição a que me referi acima. A divisão de responsabilidade nesse acompanhamento não é apenas desejável — é obrigatória, eu diria. Certamente seu time, se estiver engajado no propósito da empresa, enxergará oportunidades que passariam despercebidas caso a análise fosse feita por apenas uma pessoa.

Hoje tenho a convicção de que apenas uma gestão com equipe envolvida e motivada é capaz de tirar uma companhia do aperto e colocá-la no caminho do desenvolvimento. Se eu tivesse essa clareza em 1997, quando a Precisão começou a dar sinais de esgotamento, talvez o desgaste fosse menor e a transição rumo a um novo negócio tivesse ocorrido de forma mais fluida.

Resiliência e fé

O que levou a Precisão à bancarrota foram os mesmos fatores que permitiram sua expansão acelerada nos anos anteriores: a resiliência e o credo. Juntos, esses elementos levam ao desenvolvimento ou à falência — tudo depende da dose. Em diversos momentos, ao longo do caminho de construção da empresa, ouvi previsões de que o projeto não iria adiante, não daria certo. As advertências vinham em frases como: "Tira o pé do acelerador"; "Para que fazer isso agora? Espere mais um pouco"; ou "Você está se arriscando demais".

Enfim, muita gente duvida da possibilidade de sucesso. Só a resiliência (capacidade de transformar dificuldades em energia positiva) e o credo (a convicção de que é possível realizar seu sonho grande) mantêm o empreendedor na rota que traçou. É preciso também aglutinar pessoas talentosas e levá-las a compartilhar o mesmo sonho para que superem juntos os momentos de baixa.

No caso da Precisão, houve excesso na aplicação desses dois elementos. Não se pode abandonar o negócio no primeiro obstáculo (nem no segundo, nem no terceiro...), mas o apego não deve ser mantido caso não se veja viabilidade no futuro. A linha entre uma coisa e outra é tênue. Pode, contudo, ser identificada com planejamento e metas, impondo limites para as perdas e, sobretudo, respeitando esses limites. Na Precisão, tínhamos controle financeiro, mas não acompanhamos a evolução do risco representado pela "comoditização" (perdão pela palavra feia) do mercado.

Hoje aprendi a seguir uma "régua" financeira para monitorar o fluxo de investimentos e, se necessário, a decisão de desinvestimento. Como já salientei, estabeleci um limite mínimo de caixa equivalente a três meses de todas as necessidades financeiras da empresa. Abaixo desse piso, avaliamos qual o risco de manter os investimentos programados. A resposta para esse questionamento nunca é precisa, em razão das inúmeras variáveis que devem ser consideradas. O nome disso no universo corporativo é governança, e esse conceito serve como guia nas decisões mais estratégicas. O nível de governança depende do momento de maturação em que o empreendimento se encontra. Identifico três fases:

1. No começo do negócio, não há limites. É pura intuição. O crescimento é a própria razão de existir. É o período em que o empreendedor vende seu carro, hipoteca a casa, pede empréstimos a familiares e amigos, usa o cheque especial ou raspa o dinheiro da poupança. O risco é o único caminho possível.
2. Quando a empresa atinge certo porte, começa a estabelecer limites para correr riscos, definidos de acordo com a capacidade financeira. Nessa etapa, o desenvolvimento requer riscos mais calculados. O principal critério financeiro para a tomada de decisão utilizado por mim é a relação dívida/Ebitda, ou seja, em quantas vezes o endividamento da empresa excede sua geração de caixa.
3. Com o crescimento da companhia, o grau de risco deve obrigatoriamente diminuir. Um número maior de variáveis precisa ser levado em conta. Analise, sobretudo, a chamada "capacidade gerencial" da sua equipe, isto é, se conta com profissionais capacitados para assumir novas funções e desafios.

A maior ameaça está na transição da primeira para a segunda fase. Nesse momento, o empreendedor não tem a seu redor muitas cabeças pensantes, gente com visão estratégica. São pessoas predominantemente operacionais. Mesmo o empreendedor ainda permanece muito voltado ao dia a dia, e por isso não pode se dar ao luxo de dizer: "Toca o piano que vou levantar para ver como estão as coisas por aí".

Quando a Precisão começou a enfrentar a concorrência das grandes redes varejistas, percebi que o mercado mudava, mas demorei a me convencer. Buscava exemplos em setores que deparavam com competição semelhante — vendas de pneus, por exemplo. O consumidor pode comprá-los em hipermercados. Nem por isso, eu raciocinava, a DPaschoal desapareceu.

Mas era uma verdade apenas na aparência. A DPaschoal oferece valor agregado na forma de serviços: instalação dos pneus, alinhamento e balanceamento, entre outros. Na ocasião, não percebi esse diferencial, que permite a empresas como a DPaschoal permanecerem no mercado. Não era apenas uma análise equivocada. Na realidade, eu estava racionalizando a situação para atender a uma demanda emocional, ou seja, a dificuldade de abandonar um negócio pelo qual, como um pai, era apaixonado. Nessa ocasião, um amigo me disse: "Rogério, não adianta você ficar grudado nesse poste chorando. Ele não vai sair do lugar. Quem tem que sair é você."

O maior obstáculo em "largar o poste" é o envolvimento umbilical entre a cria e o criador. Muitas vezes a paixão pelo empreendimento cega o empreendedor. Desistir do negócio é como rasgar o sobrenome. Afinal, eu não era Rogério Gabriel, e sim o Rogério da Precisão. Inaugurar loja é festa. Fechar lojas, arrancar o letreiro da fachada e demitir gente — tudo isso é terrível.

Para evitar o excesso de envolvimento, faço três recomendações. Primeira: encontre o equilíbrio entre o lado afetivo e o lado racional. Um conselho consultivo, formado por profissionais do mercado sem ligação com a estrutura gerencial da companhia, ajuda bastante, porque mantém a distância emocional do negócio. Segunda: persista, mas não insista. Terceira: se não houver jeito, empurre a vaquinha para o precipício. Não espere que ela caia sozinha, pois isso só prolonga o sacrifício.

E um último lembrete: caso seja inevitável "empurrar a vaquinha para o precipício", mantenha a fé. É ela o alicerce que sustenta seu mundo, mesmo quando o chão parece fugir dos pés, um vazio enorme se abre à frente e não parece haver uma saída. Vivenciei uma experiência que me trouxe essas certezas, e vale a pena compartilhar.

Conforto e inspiração

Para quem não acreditar, aviso que tenho tudo gravado numa fita cassete. Em 2002, no auge da derrocada da Precisão, visitei uma astróloga para fazer um mapa astral. Em momentos de sufoco, não é incomum as pessoas procurarem saídas pouco ortodoxas, e eu não fugi à regra, mas foi a primeira e última vez que recorri a isso. Em função de minha formação acadêmica e minha "cabeça de engenheiro", não me vejo passando por essa experiência de novo, por mais que tenha me marcado.

Andrea, que havia visitado a astróloga tempos antes, me recomendou. E decidi ir. A astróloga anotou algumas datas importantes de minha vida, fez poucas perguntas e me dispensou. Três meses depois ligou para mim num sábado. O mapa astral estava pronto. E lá fui eu de novo. Ouvi as conclusões de seu estudo com ceticismo e, em certos momentos, decepção. Destaco quatro das previsões escritas nas estrelas que se confirmaram inteiramente:

1. Perguntei se a crise seria longa. "Cinco anos", respondeu ela. Fiquei decepcionado com o prazo, que me pareceu muito longo. A boa notícia: ela garantiu que, depois da crise, a empresa seria "bem maior do que era antes". Bem, em 2006 e 2007 (ou seja, cinco anos depois), os indicadores da MoveEdu, que em 2002 nem sequer sonhava em existir, começaram a apontar para cima.
2. O mapa revelava que me mudaria de casa em breve. Ceticismo total. Como eu, atolado em dívidas e perdendo dinheiro na empresa, podia pensar em trocar de imóvel? Seis meses depois encontrei um corretor (um antigo conhecido) que me convenceu a visitar uma casa que estava à venda com preço muito bom. E o dono aceitou como pagamento três imóveis que eu tinha. Não coloquei nem um centavo sequer na transação e mudei de endereço. Durante sete anos, moramos lá quase sem móveis. André, meu filho, jogava bola na sala inteiramente vazia.
3. A astróloga identificou que eu passava por uma situação profis-

sional muito difícil e que minha empresa estava desmoronando, inclusive fisicamente. Nem decepcionado, nem cético — apenas não entendi. Mas logo depois o chão da sede da Precisão começou a afundar em virtude da infiltração de água de um rio que passava embaixo da avenida. O piso continuou a ceder nos anos seguintes até que, com a melhora na condição financeira, pude fazer uma reforma no prédio.

4 "Você já deu aula, Rogério?", perguntou a astróloga. "Nunca", respondi. "Seu futuro em negócios está ligado à educação", previu ela. "É nele que você vai ganhar dinheiro." Mais uma vez, encarei com descrença. Não imaginava que dois anos depois da visita à astróloga eu inauguraria minha primeira escola. E muito menos que o embrião para o novo negócio estava bem diante de mim, nos próprios escritórios da Precisão.

Não cabe discussão sobre a origem ou a conclusão dessa passagem em minha vida, nem se influenciou ou não na trajetória da MoveEdu. O mais importante é desmistificar a ideia de que o universo dos negócios é regido por leis científicas e dominado pela racionalidade. A fé existe, é necessária e interfere, sim. Alguns franqueados escolhem a data de inauguração de uma unidade com base na numerologia. Se essa orientação traz segurança, otimismo e motivação, por que não segui-la?

Eu mesmo acredito que 13 é meu número de sorte. Eu e Andrea nos conhecemos em um 13 de outubro e nos casamos em um 13 de junho. Nosso filho nasceu em um 13 de setembro. Na vida profissional, o número 13 também é marcante. Em um dia 13, o programa *Pequenas Empresas, Grandes Negócios*, da Rede Globo, transmitiu uma entrevista comigo que alavancou as vendas da MoveEdu logo no início de nossas operações. Mais: a aquisição das redes da Pearson foi finalizada em 2017, justamente quando a empresa comemora treze anos de existência. E a publicação deste livro ocorre também em nosso 13º aniversário.

Pode ser coincidência. Ou será que não? Sou espírita, e durante o período mais agudo da crise minha fé se aprofundou e se tornou fundamental para meu reerguimento. Sempre encontrei conforto nas orações, inspiração nas leituras do Evangelho, solidariedade nas palestras e energia nos passes em centros espíritas. Tempos depois, ouvi dizer que a astróloga também era médium. Não tentei confirmar. Talvez suas profecias tenham sido um sinal ou um presente. Não sei. Só sei que ela acertou na mosca.

A Precisão emagrece

Em 2002, a Precisão começou o processo de emagrecimento. A primeira loja fechada foi a de Ribeirão Preto, a segunda maior da rede. A ideia era estancar a sangria, e ali se situava a principal fonte da hemorragia. Os prejuízos realmente cessaram na unidade, mas as dívidas aumentaram em razão das verbas rescisórias para os funcionários, a multa por rompimento do contrato de aluguel e outras despesas. Ao mesmo tempo, a capacidade de vendas e, por tabela, os ganhos de escala da empresa diminuíram.

Ao cerrar as portas em Ribeirão Preto, acordei para o fato de que o negócio já não tinha viabilidade. Não se tratava apenas da Precisão — a cadeia do setor tinha quebrado. Revendedores, fornecedores, prestadores de serviços etc., todos se viam em apuros. Nos dois anos seguintes, como num efeito dominó, uma a uma as lojas desapareceram. Ainda em 2002, encerrei as atividades no shopping de São José do Rio Preto. Os estoques foram transferidos para os demais pontos de venda, que, em função do baixo custo, ganharam sobrevida. Mas não por muito tempo.

Em 2003 me despedi de Jaboticabal ao vender a unidade local para o gerente. Até 2004 mantive a Precisão em Catanduva, Fernandópolis, Votuporanga e São José do Rio Preto, funcionando em ritmo cada vez mais lento.

Nesse período, estudei diversos caminhos profissionais. Tentei utilizar a estrutura já montada para vender equipamentos usados. Impossível. O setor, conhecido como mercado cinza ou paralelo, funciona na base da ilegalidade (com produtos roubados, por exemplo) e informalidade (recolher impostos é uma ficção). Conheci nesses périplos muitas empresas, e se encontrei três sérias foi muito.

Na mesma época, visitei com frequência a região da rua Santa Efigênia, no centro de São Paulo, um polo comercial de produtos eletrônicos novos e usados. Eu me hospedava num hotel fuleiro, com paredes finas. O barulho dos corredores e de outros quartos não parava durante toda a noite, e às cinco da manhã eu já não conseguia mais dormir.

Não foi em vão. A procura por um caminho implica bater em diversas portas que não necessariamente se abrem. Essa busca é feita de esforço e resiliência. Avaliei seguir carreira como executivo em alguma companhia. Na hora em que sentei para escrever o currículo, me dei conta de que aquela não era a minha praia. Não queria aquilo, e assumir uma posição como assalariado seria uma fuga (e não uma solução) dos apuros que enfrentava.

Apesar do sofrimento provocado pela quebra da Precisão, o sonho grande ainda estava lá, pulsante, em minha cabeça. A vontade de "fazer acontecer" e criar algo que de fato impactasse a sociedade não esmoreceu. Não existem ideias luminosas, mágicas e salvadoras. Há, isso sim, inúmeras tentativas, várias investidas e, sobretudo, um esforço imenso antes de encontrar a oportunidade certa.

Eu estava convencido de que esse era o caminho, e a principal prova residia na incansável prospecção de novos negócios para continuar minha trajetória de empreendedor. Só demorei a perceber que a saída estava dentro de casa, num pequeno departamento da Precisão que pouco despertava a atenção nos tempos áureos da empresa.

CAPÍTULO 4

Inovação

A MOVEEDU E O APRENDIZADO DA EDUCAÇÃO

A área de treinamento da Precisão passava despercebida por qualquer visitante que não fosse avisado de sua existência. Era um serviço de suporte ao cliente. Em geral, as empresas demandavam treinamento básico para utilizar as máquinas e os softwares adquiridos na Precisão, e os poucos funcionários da área conciliavam o trabalho de treinamento com outras atividades. O objetivo era se aproximar dos clientes, só isso. Mas ali se abriu a porta para uma nova fase em minha vida empreendedora.

Sempre evitei me encastelar atrás de uma mesa de trabalho, e por isso circulava muito nas lojas da Precisão e pelos corredores da sede. Ainda hoje, quando preciso falar com algum funcionário, não o chamo; vou até sua estação de trabalho.

Na atual sede da MoveEdu, montamos um salão sem divisórias onde trabalham cerca de trinta pessoas. Os cinco diretores, inclusive eu, dividem uma única grande mesa nessa área, que pode ser acessada a qualquer momento por todos os funcionários do grupo.

Nas andanças pelo escritório, tomo o pulso da empresa e identifico tendências de mercado que de outra forma não chegariam ao meu conhecimento. E foi assim que, na Precisão, ouvindo os comentários sobre a busca por programas de treinamento, veio o estalo.

Não estaria ali um negócio a ser explorado? Afinal, o serviço recebia boa avaliação dos clientes, o que significava capacidade de entrega com qualidade.

Na Precisão, os clientes eram treinados *on demand* e com todo o conteúdo digitalizado. Cada monitor acompanhava em média três alunos. Eu não dava muita importância a um aspecto: os clientes preferiam fazer o curso na Precisão a se matricular em escolas especializadas em informática. Não atentei a esse detalhe, uma vez que nosso foco estava voltado para a venda de equipamentos. Mas isso ficou na cabeça.

À primeira vista, muita coisa jogava contra a ideia. Não é novidade: todos os empreendedores ouvem uma avalanche de "senões" quando revelam um novo projeto. Racionalmente, sempre existem restrições. Levando em consideração apenas as condições objetivas e concretas, o empreendedor não sai do lugar. No estágio inicial, a intuição vale mais do que uma planilha financeira; a fé move mais montanhas do que um *business plan*.

De qualquer forma, as barreiras precisavam ser superadas, e a mais séria era a seguinte: a Precisão oferecia cursos a empresas, e não a pessoas físicas, o que reduzia a escala. Os programas eram praticamente personalizados, e cada instrutor se dedicava a no máximo três alunos. E mais: além de pulverizado, o mercado corporativo do interior paulista era pequeno se comparado ao da capital. Ou seja, custo alto e demanda baixa — uma conta que não fecha.

Bem, e se o público fosse formado por pessoas físicas? Aí o negócio ganharia escala. Só que os preços deveriam baixar muito e não seria possível manter a relação de um educador para três alunos. Em busca de modelos, apanhei o carro e rodei pelas cidades da região visitando escolas profissionalizantes. A primeira parada foi em Guaíra, onde um cliente da Precisão tinha um estabelecimento do tipo. Colaborativo, o sujeito indicou alguns fornecedores de sistemas de ensino.

No papel de cliente oculto, percorri diversas escolas da região. Minha "pesquisa de mercado" mostrou que a concorrência era grande: havia escolas em cada esquina. O setor de cursos profissionalizantes se dividia em dois tipos de negócios. Um deles era formado por escolas pequenas, que eu chamava de caseiras, cujo diferencial era o preço baixo — essas nem sequer ofereciam um folder com os cursos existentes. E havia as redes de escolas organizadas, com marcas estabelecidas no mercado, nas quais o aluno desembolsava mensalidade maior. Não imaginava que, treze anos depois, algumas delas, como S.O.S e Microlins, seriam incorporadas pela MoveEdu.

O que me preocupava na época era: como minha embrionária escola de informática deveria se posicionar no mercado? Eu sabia a resposta: com custos baixos e boa qualidade. A dificuldade, claro, seria unir as duas coisas.

Modelo inovador

Nas visitas, notei pilhas e pilhas de apostilas impressas nas mesas de professores e alunos. Os estudantes eram organizados em turmas com horários preestabelecidos para as aulas. Muitos deles, porém, estavam em estágios diferentes de aprendizado.

A Precisão tinha alguma experiência (pouca, é verdade) em ensino à distância (EAD), pois utilizava esse método para transmitir orientações básicas sobre informática para seus clientes. O problema era que as pessoas olhavam para o ensino à distância com desconfiança — a ausência da figura do professor comprometia a credibilidade da modalidade. As próprias redes de escolas resistiam a investir nesse modelo, embora concordassem que o futuro da educação estava ali.

Como a entrega de resultados desses cursos era baixa, a adesão também não evoluía. Havia, em resumo, um gap entre o formato tradicional e o ensino à distância. Nesse vácuo residia a oportunidade de mercado que eu buscava, desde que "colocasse o ovo em pé", oferecendo o melhor de cada uma das duas modalidades (o ensino in loco e à distância, com conteúdo robusto e preço mais baixo do que a concorrência). Aí estava o valor agregado para o aluno. Nosso sistema de ensino segue princípios semelhantes, com um forte componente de inovação, personalização e preços altamente competitivos.

Em vez de turmas, optamos pelo sistema interativo de ensino com etapas de aprendizado disponíveis na tela do computador. Caso necessite, o aluno tem acesso remoto a um educador e apoio de livros complementares com conteúdo e exercícios. Esse conjunto é o que hoje se chama de ensino híbrido, que abandona o tradicional "o mestre fala; o aluno escuta", sem abrir mão da presença indispensável de um profissional da educação. Não há professores postados à frente da classe, e sim educadores que oferecem acompanhamento para cada estudante quando solicitado. Assim, o aluno vai à aula no momento mais adequado, de acordo com sua agenda diária. Ao chegar, senta-se em frente ao computador e acessa o programa de ensino a partir do ponto em que parou da última vez.

A flexibilidade também vale para as escolas da MoveEdu, já que não é necessário disponibilizar as salas de aula e os computadores para turmas que nem sempre utilizariam toda aquela estrutura. Foi esse o berço do método pedagógico da MoveEdu, baseado em uma série de processos:

- Instruções sobre operações repetitivas e simples foram automatizadas e são transmitidas por intermédio de simulação na tela do computador, e não pelo professor. Por exemplo: num curso básico de computador, o aluno começa aprendendo a clicar o botão "Iniciar" com a simulação animada na tela.
- Ao educador cabem tarefas como motivação, esclarecimento das dúvidas e estreitamento no relacionamento entre aluno e escola. Além disso, ele deve se certificar de que o estudante está seguindo rigorosamente os processos de aprendizagem e acompanhar os indicadores de desempenho do jovem.
- Não há turmas fixas. A carga horária é definida pelo aluno, respeitando sua disponibilidade de tempo e seu ritmo de aprendizagem. Para a MoveEdu, a vantagem está no aproveitamento máximo do espaço físico das escolas.
- Alunos que se conhecem (irmãos, namorados, amigos) sentam obrigatoriamente afastados uns dos outros. Essa regra evita que se distraiam e percam a atenção durante a aula.

- Ao se movimentar entre as bancadas, o instrutor segue o Processo de Ronda, um itinerário preestabelecido que percorre com frequência. As telas dos computadores sempre estão viradas para a direção de onde vem o educador. Dessa forma ele observa a atividade do estudante e só intervém se for chamado ou se perceber alguma dificuldade no aprendizado.
- Em caso de dúvida do aluno, o professor deve se aproximar com as mãos para trás, sinalizando que se limitará a transmitir verbalmente as instruções e não realizar, ele próprio, o procedimento. O professor não toca no mouse do aluno — é um princípio pedagógico.

A MoveEdu não extinguiu o material impresso e distribui apostilas e livros com conteúdo e exercícios complementares. Enfim, o modelo lança mão dos recursos existentes no mercado e aloca cada um deles na função que proporciona os melhores resultados. Eles não se encavalam nem disputam o mesmo espaço no processo de aprendizagem — na verdade, são complementares. Essa é a beleza do sistema híbrido de ensino. A MoveEdu explorou todo o potencial do modelo como poucas outras empresas no mercado conseguiram. Isso se chama inovação. Os concorrentes diziam que não daria certo; eu não concordava.

O cliente quer flexibilidade

O sistema híbrido, que provocava dúvidas no mercado, se transformaria na maior vantagem competitiva da MoveEdu. No começo, já possuíamos algum conteúdo pedagógico desenvolvido pelo departamento de treinamento. O passo seguinte foi criar uma área interna para desenvolver os cursos, com a ajuda de fornecedores especializados na elaboração de conteúdo didático.

Se trouxéssemos o aluno para dentro da sala de aula, ele perceberia o valor e se tornaria fiel à escola. E mais: se tornaria um garoto-propaganda do modelo. A conjuntura do país também deu um empurrão precioso. A partir de 2003, e com mais força nos anos seguintes, uma nova classe C emergiu na sociedade brasileira, graças aos programas sociais do governo, ao aumento no nível de emprego e, por tabela, ao crescimento da renda.

Os números oficiais indicam que mais de 30 milhões de pessoas ascenderam socialmente no período. Atendidas as primeiras necessidades, os integrantes da nova classe social saíram em busca de uma formação escolar melhor, e a MoveEdu oferecia cursos com preços que cabiam no bolso desse público, já que os custos eram baixos, graças à automatização e à equipe de instrutores já formada. As instalações e os equipamentos eram itens já resolvidos. Computadores, por motivos óbvios, não faltavam na Precisão. E a primeira sala de aula seria montada no prédio onde funcionava a loja de Catanduva, com uma nova placa na fachada, Prepara Cursos, um nome escolhido internamente que remetia à capacitação profissional — curto, direto e portanto fácil de ser memorizado.

O currículo da Prepara também se adequava aos anseios das pessoas que migravam para essa nova classe média. O primeiro curso abordava o Office, o sistema da Microsoft que abriga os softwares mais utilizados em qualquer empresa: Word, PowerPoint e Excel, entre outros.

Como o domínio do Office se tornou um pré-requisito para preencher vagas das diferentes áreas de uma companhia, havia forte procura por esse tipo de conteúdo. As bases estavam lançadas. Sem recursos, lancei mão do cartão de crédito pessoal para comprar algumas mesas e cadeiras. Nos intervalos, ia a bancos pagar contas e à gráfica para negociar a impressão de folhetos. De quebra, administrava as lojas sobreviventes da Precisão — algumas delas continuavam a funcionar, embora devagar, quase parando.

Enfim, mais de dez anos depois de dar o pontapé inicial na carreira solo nos negócios, ficar rico e perder praticamente tudo, lá estava eu de novo, pondo a mão na massa, como manda o figurino de qualquer empreendedor — montando cadeiras e mesas, instalando computadores e pregando placas nas paredes.

Divida o sonho

Os três primeiros funcionários da Prepara Cursos vieram da Precisão. Certo dia, ao me ver com uma chave de fenda na mão apertando os parafusos de uma bancada, um deles perguntou: "Rogério, esse é o caminho mesmo? E se a gente continuar com a Precisão e trabalhar ainda mais duro? A Precisão está mais próxima da gente do que o ramo de cursos".

Eu poderia ter ficado chateado com o questionamento, mas percebi que se tratava de um alerta importante: eu precisava convencer aquele pequeno time a abraçar o novo sonho. Ali mesmo respondi: "Prefiro abandonar a marca Precisão a fazer aquilo que sempre falamos que não íamos fazer". Eu me referia ao risco de cair na informalidade e no mercado cinza. E fiz a convocação: "Temos um novo horizonte para atingir. A Precisão foi uma etapa do caminho que estamos percorrendo agora".

O clima mudou depois daquela conversa. Nos dias seguintes, em conjunto com o trio de colaboradores, visitei outras escolas, e assim eles foram começando a enxergar a oportunidade de um novo negócio para poder romper com o passado. Para sinalizar que vivíamos outro momento, decidimos abandonar o nome Precisão, apesar do forte prestígio e da confiabilidade incorporados ao longo do tempo. Tanto que, anos depois, quando a empresa já tinha deixado de existir, ainda recebíamos telefonemas de antigos clientes atrás de nossos computadores e produtos.

A marca Prepara Cursos, por sua vez, dialogava de forma direta com nossa atividade, a educação, e tinha muita assertividade, conforme avaliaram especialistas em *branding* tempos depois. Além disso, remetia foneticamente à palavra Precisão. A decisão de escolher um nome diferente para a companhia representava uma página virada em minha vida. Nos meses seguintes, em telefonemas ou visitas pessoais, eu me apresentava da seguinte maneira: "Rogério da Precisão, que agora é da Prepara".

Em três meses, mais de cem alunos

Certo dia, em fevereiro de 2004, algumas poucas promotoras contratadas por mim se espalharam pela rua onde ficava a loja da Precisão em Catanduva e começaram a distribuir panfletos com anúncios dos cursos de informática da Prepara. Logo depois me uni ao grupo para também entregar os folhetos.

Com um desembolso mínimo, concentramos nossa energia na divulgação dos cursos. Distribuímos folhetos por toda a cidade. Nas escolas públicas, conseguimos os cadastros de estudantes e, para eles, oferecemos condições especiais. Visitei pessoalmente o colégio em que estudei na infância para promover minha nova empresa. Foi um sucesso. De cara, nos primeiros dias, cem pessoas, na maioria jovens, se matricularam.

O ritmo de adesão se manteve muito acima das expectativas. Segundo meus cálculos, a operação se pagaria com cem alunos em noventa dias. O lucro, de acordo com o planejamento, viria seis meses depois do início das atividades. Mas em dois meses a Prepara Cursos já somava 150 alunos, e em apenas três meses o balanço estava no azul. Em 150 dias, o número de pessoas matriculadas saltou para trezentas. Trabalhávamos sem parar a fim de suprir a demanda, preparando salas de aula e instalando computadores.

O modo de ação mais racional seria evitar o crescimento acelerado para não correr riscos excessivos. Os primeiros passos deveriam ser consolidar a operação, adquirir experiência no ramo e (aí, sim) expandir cautelosamente o número de clientes para não perder o controle no processo. Era esse o enunciado em meu cérebro, e assim mandavam os preceitos da boa gestão. Mas a alma do empreendedor não obedece às vozes da razão. Em agosto de 2004, seis meses após abrir as portas em Catanduva, a Prepara inaugurava sua segunda escola, dessa vez em Votuporanga.

A decisão, com boa dose de intuição, tinha consistência. O investimento era baixo, pois no local já funcionava uma loja da Precisão. O negócio só se consolidaria com escala — o que eu sonhava não se limitava a uma escola com trezentos alunos. Ademais, eu não pensava em lucro imediato. E minha oportunidade era aquela. Se eu ainda engatinhava no setor de educação, por que não ganhar experiência em duas escolas, em vez de apenas uma?

A resposta em Votuporanga veio com mais força do que em Catanduva. Antes do final do ano, trezentos alunos frequentavam a escola. Só, então, no início de 2005, comentei com Andrea: "Vou encarar". Sim, porque até ali ainda não tinha plena convicção a respeito da atividade em que empreenderia.

Para acabar com qualquer dúvida, precisava enfrentar a realidade de uma praça maior, com competição mais acirrada e adversários estruturados e enraizados no local — nessas condições, os clientes exigem mais qualidade e compromisso. Enfim, o desafio é maior. São José do Rio Preto se encaixava nesses critérios com uma vantagem: ali se situava a sede de minha empresa e, por isso, eu conhecia bem o mercado. Era a prova de fogo. Se não acertasse em Rio Preto, voltaríamos para as cidades pequenas, o que significaria uma ambição de crescimento muito menor para a companhia e, por tabela, para meu sonho — que nunca foi pequeno.

Day 1

Em fevereiro de 2005, uma sala com dez computadores estava pronta para receber até duzentos alunos em Rio Preto. Atingir esse número se revelou mais difícil do que eu e minha equipe estimávamos, ao contrário do que ocorrera nas outras duas cidades. Nelas a afluência foi tão grande que transformamos as lojas da Precisão inteiramente em escolas.

Em Rio Preto, nos seis primeiros meses, matriculamos apenas cem alunos, metade do número suficiente para atingir o break-even point, o ponto de equilíbrio financeiro do negócio. Lá a concorrência era mais acirrada, e, por isso, o público, com um leque maior de opções, se mostrou mais exigente. Diante de uma realidade desconhecida até então, nos restaram dois caminhos.

Primeiro: reduzir o peso do pé no acelerador, adotando um ritmo mais lento e concentrando os esforços nos municípios menores até adquirir fôlego suficiente para encarar os mercados mais competitivos. Um caminho mais seguro, sem dúvida, porém assim não conquistaríamos a expressividade que temos hoje.

O segundo caminho era o oposto: assumir uma postura de ousadia moderada e aumentar a velocidade um pouco acima dos próprios limites para fincar nossa bandeira no mercado e estabelecer o domínio daquele espaço. É como a ação de um equilibrista: ele não exerce sua atividade sem correr um risco grande, mas sempre o faz de forma calculada, com treinamento, confiança e rede de proteção. De tempos em tempos, o empreendedor se vê diante dessas situações-limite, em que precisa tomar decisões arrojadas sem ter uma base inteiramente firme para isso.

A inauguração da terceira unidade, em São José do Rio Preto, foi meu Day 1, já que se tratava de um mercado mais competitivo e consolidado. "Day 1", expressão criada pela Endeavor, não equivale ao dia de criação da empresa — trata-se de um momento de desafio crucial para o negócio que, ao ser superado, representa um salto adiante e o coloca em uma posição da qual não haverá recuo.

A história dos empreendedores não registra apenas um Day 1 — e sim vários, ao contrário do que sugere o nome. É a oportunidade em que o sonho grande se traduz em ações igualmente grandiosas e resultados de enorme impacto, tanto para o empreendimento como para a sociedade. É o momento de avançar, de "ir para as cabeças", do "ou vai ou racha".

Antes de a operação em São José do Rio Preto deslanchar de vez, me deparei com um novo Day 1. Tirava o pé ou partia para cima? Fiquei com a segunda opção. Confiava no produto e precisava de escala, ou seja, um número de alunos bem maior. Mas, para enfrentar concorrentes estruturados e estabelecidos havia anos na praça, só oferecendo algo diferente. Caso contrário, não sairíamos do lugar.

Por isso, adotamos uma estratégia agressiva. O preço da mensalidade baixou radicalmente: de R$ 59,99 caiu para R$ 29,99. Com isso, a quantidade de clientes necessária para chegar ao equilíbrio financeiro subiu algumas vezes, o que nos empurrou para uma investida mais ousada no mercado.

Contratei uma equipe terceirizada composta por dez pessoas, montei uma força-tarefa e "invadimos" as escolas públicas. Em poucos dias, visitamos 25 unidades apresentando nossos cursos e possibilitando que a matrícula fosse feita no mesmo momento, o que facilitava a vida dos interessados. O desconto no valor da mensalidade também era um incentivo enorme. A maratona de visitas iniciava antes das sete horas da manhã e se estendia até quase meia-noite. Enquanto os colégios estivessem abertos, nós estávamos lá. A blitz surtiu efeito: em duas semanas, ganhamos oitocentos alunos. O ritmo de expansão foi alucinante e, por isso, assustador.

Parar? Nunca

Quando o número de matrículas em São José do Rio Preto bateu os oitocentos, um dos colaboradores falou: "Vamos parar?". "Ou aproveitamos a curva ascendente ou vamos parar de vez", respondi para ele. E completei, determinado: "Assinem os contratos com os alunos com previsão de começo das aulas em quinze dias".

Nas duas semanas seguintes, limpamos e reformamos um depósito ao lado da loja de Rio Preto. Montamos uma sala de aula maior, com capacidade para atender até setecentos alunos e equipada com computadores novos que eu havia comprado. Trabalho dia e noite, sem folga. Não paramos. Eram, no total, oitocentos clientes, que poderiam convencer amigos, parentes e colegas de trabalho a ingressar também na Prepara Cursos. Bolamos uma campanha de indicação, oferecendo mensalidades de R$ 39,99 — valor pouco acima da promoção de R$ 29,99, mas ainda distante do preço original de R$ 59,99. Outra avalanche de matrículas.

A explosão na conquista de novos estudantes revelava os pontos fortes do negócio que íamos construindo. Primeiro, tratava-se de um modelo rapidamente escalável. E, como o sistema educacional é informatizado, o número de alunos pode crescer sem a necessidade de contratar mais educadores.

As aulas sem horários e dias fixos permitiam grande rotatividade de alunos sem a necessidade de expandir fisicamente as escolas e as instalações, sobretudo o número de computadores. Ou seja, as receitas subiam de elevador, e os custos, de escada. E mais: com investimentos em divulgação e promoção próximos do zero, nossos principais garotos-propagandas eram os próprios alunos, que só assumiam esse papel porque estavam satisfeitos com a qualidade do serviço oferecido.

Ao completar um ano, o corpo discente da Prepara Cursos, com três escolas em três municípios diferentes, somava 1500 estudantes. Àquela altura, os eventuais conselhos para "ir mais devagar" não faziam mais sentido para mim. Naquele momento, transformei toda a loja de Fernandópolis em escola. Com isso, no encerramento do balanço de 2005, atendíamos a 2 mil pessoas.

Foi o turning point em minha vida. Não restava nenhuma dúvida de que na educação profissionalizante residia o futuro de meus negócios. A sede pela expansão acelerada não estava saciada, afinal, o sonho grande nunca sai da cabeça do empreendedor. Mas não era só isso: o tíquete médio, em torno de R$ 49,99, exigia muita escala para manter as contas no azul. O fôlego financeiro, porém, era limitado, pois ainda carregávamos o imenso passivo da Precisão. Foi quando, por sorte (sim, ela existe no mundo dos negócios), abriu-se a porta para o crescimento exponencial que eu tanto perseguia: o franchising.

Rogério com sua
irmã, Rosy, e seu pai,
Wartanir, em 1965.

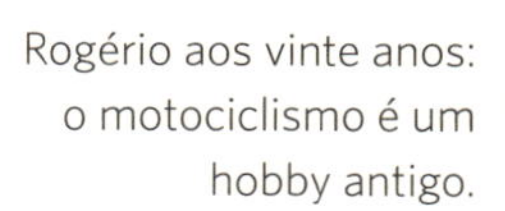

Rogério aos vinte anos:
o motociclismo é um
hobby antigo.

A primeira loja da Precisão, em foto de 1990.

A sala de Rogério na primeira loja da Precisão.

Rogério e Andrea se
casam em 1992.

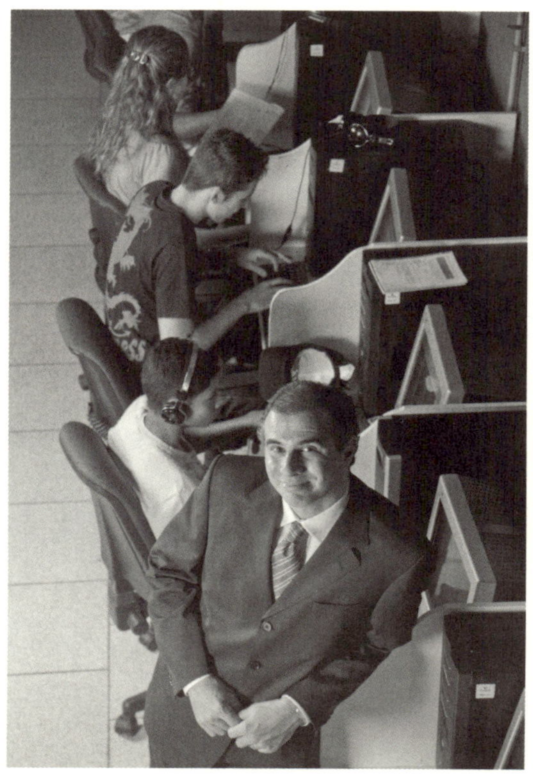

Rogério em 2007
em uma das salas
de aula da Prepara Cursos.

Rogério dá entrevista para o portal da Endeavor, que se encantou com sua trajetória.

Mauricio de Sousa e Rogério firmam a parceria do projeto Ensina Mais Turma da Mônica, em 2016.

Rogério, com Andrea e o filho, André, recebe o prêmio Selo de Excelência em Franchising da Associação Brasileira de Franchising, em 2017.

Rogério e a esposa em viagem de moto pela França: episódio marcante na Europa com prédio da Pearson ao fundo.

Rogério na convenção de franqueados de 2016 da Prepara Cursos.

CAPÍTULO 5

Parceria

O FRANCHISING SERVE PARA VOCÊ?

No auge da crise da Precisão, em 2003, vendi a loja de Jaboticabal para o gerente responsável pela unidade, Alexandre Petrolino. Cerca de dois anos depois, em setembro de 2005, já na condição de Rogério da Prepara, eu o procurei com uma proposta: abrir a primeira franquia da escola. Depois de dois meses de namoro, fechamos negócio.

Bombou. No final daquele mesmo ano ele já atendia a trezentos alunos; em dois anos, eram 2300 o total de matriculados em nossa pequena rede. Nos meses seguintes, acionei meus contatos e expandi o modelo. Em 2006, uma ex-funcionária da Precisão, Elaine Gomes, inaugurou uma escola em Mirassol, a quinze quilômetros de Rio Preto. Em algumas semanas, trezentas pessoas haviam se matriculado.

Logo depois, a história se repetiu com dois amigos, um deles também ex-colaborador da Precisão. Um deles abriu uma unidade em Guariba, na região de Ribeirão Preto. Outro levou a marca Prepara Cursos pela primeira vez para fora do estado de São Paulo. O destino foi Frutal, um pequeno município no Triângulo Mineiro.

Antes que o ano acabasse, estabeleci a primeira parceria com alguém de fora de meu networking. Valter Freire, um empresário de

Olímpia, em São Paulo, entrou na loja da Precisão em Rio Preto para comprar material de escritório e saiu de lá com uma franquia da Prepara Cursos para ser instalada em sua cidade natal.

Não demorou muito e Valter, animado pelos resultados obtidos em Olímpia, sugeriu uma nova unidade, dessa vez em Ribeirão Preto. As más lembranças da loja da Precisão na cidade não pesaram em minha avaliação. Topei na hora.

No dia da inauguração, pedi para que Camilo Carvalho, um de meus mais antigos colaboradores e hoje diretor da MoveEdu, levasse ao evento dois candidatos a franqueados da bandeira Prepara Cursos, Willian Veloso Rocha e Andrei Dalachi Orlandi. Eram investidores importantes para nosso plano de expansão, e ninguém melhor do que Camilo para ciceroneá-los.

Deu tudo errado. Primeiro, o carro de Camilo era mais simples do que os automóveis que os dois possuíam. Então, o conforto não era o mesmo. Pior: na volta a São José do Rio Preto, o motor esquentou demais e o carro parou. Camilo ligou para o pai, um conhecedor dos meandros da mecânica automotiva, que deu uma solução paliativa: ligar o ar-condicionado, acionar o motor, seguir em frente e só desligar o equipamento quando o automóvel fosse estacionado de vez. Funcionou, mas os três passaram um frio glacial no interior do carro até chegar ao destino.

Willian e Andrei levaram tudo com bom humor e viram ali, de nossa parte, um enorme esforço e uma grande vontade de acertar. Resumo da ópera: meses depois, a dupla abria as portas de uma escola em São Carlos, também no interior de São Paulo, e hoje ambos são máster franqueados da MoveEdu, isto é, responsáveis por grupos de franqueados em determinada região do país. O evento de inauguração trouxe outros dividendos. Na ocasião, Valter me apresentou a dois amigos que, logo depois, fincaram a bandeira da Prepara em Araraquara. O primeiro franqueado, Alexandre Petrolino, partiu para a segunda unidade da marca, dessa vez em Barrinha, na região metropolitana de Ribeirão Preto.

Enfim, no início de 2007, antes de completar seu terceiro aniversário, a Prepara Cursos era uma rede de vinte escolas, entre próprias e de terceiros — e o franchising entrou definitivamente na vida da empresa e se tornou a principal ferramenta de expansão do grupo.

Por volta dessa época, um amigo meu, que trabalhava com lojas de informática, encostou um caminhão diante da loja da Precisão de São José do Rio Preto, que ainda apresentava um funcionamento meia-boca. Horas depois, com a carroceria cheia, o veículo partiu levando o que restava do estoque, além de móveis, balcões e cadeiras. No salão vazio, mandei construir uma nova laje, consertando de vez o afundamento do solo previsto pela astróloga anos antes. Debaixo do concreto que os operários despejavam no local, os anos ruins da Precisão estavam definitivamente enterrados.

Franquias: prós e contras

Nunca conseguiria expandir o negócio com a velocidade que desejava apenas com recursos próprios. O empreendedor sem capital só cresce com capital coletivo, ou seja, o franchising. Dinheiro, como já falei, eu não tinha. E mesmo se tivesse não haveria tempo de capacitar profissionais em número suficiente para assumir o comando de tantas unidades em tão curto intervalo.

O franchising é um sistema inteligente e valioso, com vantagens e desvantagens — as primeiras maiores do que as segundas, em minha opinião. Há gente que discorda. O livro *A febre Starbucks*, escrito por Taylor Clark, afirma que Howard Schultz, o fundador da rede de cafeterias, não trabalhou com franquias nos Estados Unidos porque sua meta "sempre foi lotar as cidades com suas lojas, mas os franqueados certamente iriam reclamar a cada vez que a empresa quisesse abrir mais pontos para disputar vendas com eles". Segundo Clark, a Starbucks adotou como estratégia

> esgotar os locais possíveis para a inauguração de novas lojas que não fossem roubar público das já existentes. A canibalização ficava então inevitável: para a Starbucks continuar com seu processo de "*infilling*" (a ocupação intensa dos espaços) teria necessariamente de começar a

roubar clientes dela mesma. Para a empresa, isso nunca foi um grande dilema. Ela preferia perder vendas em lojas da própria rede do que deixar um concorrente entrar na brincadeira.

Mas mesmo um gigante do porte da Starbucks não consegue crescer sozinho. Para sua expansão internacional, a empresa adotou o franchising. E o que é bom na franquia de um modo geral?

- O modelo permite um crescimento muito mais rápido do que se fosse conduzido apenas pelo empreendedor;
- Os investimentos são divididos com os franqueados; assim, a empresa não necessita de um alto volume de recursos para sua expansão;
- O negócio ganha escala sem risco de inchar a estrutura da companhia;
- O relacionamento com os franqueados é muito rico, tanto profissional como pessoalmente. São empreendedores, e por isso alimentam a vontade de crescer, fazer acontecer e ousar sempre — enfim, as mesmas características do franqueador. Isso cria um espírito de corpo e forte identidade em toda a cadeia. A expressão pode ser batida e desgastada, mas verdadeira: forma-se uma grande família. (A família real, composta de cônjuge e filhos, desempenha papel importante na união da família virtual. Inúmeras vezes Andrea, minha mulher, organizou eventos, como jantares em casa, para reunir franqueados, funcionários e parceiros. Em outras tantas ocasiões, participou de eventos ao meu lado.)

E quais são os desafios?

- A empresa passa a não capturar toda a margem do negócio, apenas parte dela, embora o bolo dividido seja maior;
- Os franqueados são sócios, não funcionários. Muitas vezes a relação tende a se tornar mais delicada e complexa. Trata-se de um corpo heterogêneo, formado por gente de perfis diferentes entre si, e o que as une é a busca de objetivos comuns, os princípios

compartilhados e o respeito mútuo. Mais uma vez, são características semelhantes às de uma família;

- O franchising exige um esforço gigantesco para difundir os princípios, os valores e os objetivos entre os parceiros. É o que cria o elo entre todos os integrantes da rede;
- As demandas por parte dos franqueados são tão grandes que são necessários mais do que os dois ouvidos que a natureza nos dá;
- Encontrar franqueados com perfil adequado à atividade é difícil. Trata-se de um ponto que vale a pena discutir um pouco mais.

O sistema de franchising tem o empreendedorismo em seu DNA. Mas ainda existe muito desconhecimento sobre o significado de um e de outro no Brasil. Somos uma nação que se identifica com o desejo de empreender. Segundo o Global Entrepreneurship Monitor, um projeto liderado pela London Business School e que reúne entidades de todo o mundo, um terço dos brasileiros entre 18 e 64 anos dedica-se ao próprio negócio, maior índice entre 68 países pesquisados.

Aqui, muita gente toma esse caminho não por vocação ou desejo de realização, e sim por necessidade. Em geral, o empreendedorismo, assim como o concurso público, é visto como uma válvula de escape ao desemprego ou à insatisfação profissional com o mundo corporativo. Já ouvi de muitos candidatos a franqueados: "Quero uma franquia porque preciso diminuir o ritmo e, assim, posso fazer meu horário". Ou então: "Não terei mais patrão". Há ainda quem cite o aspecto aspiracional e o status de ser empresário.

São grandes equívocos. O franqueado (e o empreendedor em geral) trabalha ainda mais. O expediente se estende de acordo com as demandas dos negócios — os fins de semana deixam de existir da forma como o conhecemos. Quanto à falta de patrão, é verdade. O empreendedor não tem um patrão, tem vários: funcionários, clientes, fornecedores etc.

Se o franqueado vem de uma vivência corporativa, a adaptação ao novo mundo pode ser mais difícil. Executivos se habituam ao entourage que o cargo oferece: secretárias, assessores, carros, bônus e outros benefícios. Quando se veem à frente do próprio negócio, a realidade é outra. No começo, o empreendedor precisa até varrer o chão.

Certa vez, durante uma feira de franchising, percebi que as promotoras não davam conta da distribuição de material em frente ao estande da MoveEdu. Imediatamente apanhei uma pilha de panfletos e também passei a entregar para os visitantes. Um franqueado, ex-executivo de um grande grupo empresarial e recém-admitido à rede, ficou paralisado e perguntou: "Aqui o presidente da companhia também distribui folhetos?".

Mas esse cenário está começando a mudar. Hoje, as escolas de administração já abordam o empreendedorismo como opção profissional no mesmo nível de uma carreira corporativa, o que dá mais consciência para os jovens. Aos poucos eles entendem que o empreendedorismo exige dedicação intensa e integral e, além do desejo, requer estômago forte para conviver com o risco. Dia desses, um amigo de meu filho, estudante de direito, resumiu bem a questão ao me perguntar: "Tio, achei legal esse negócio de empreender. Mas empreendedor tem que trabalhar muito, não é?".

Sim, e é mais arriscado do que qualquer outro tipo de carreira, pois mesmo quando o negócio se revela próspero há obstáculos a superar. Tomo como exemplo meu principal hobby: andar de motocicleta. Há muita semelhança com o empreendedorismo — adrenalina, vento no rosto, desafio, aventura, velocidade, o prazer de percorrer um caminho e chegar ao destino. Existe também o risco, que é mitigado com a manutenção correta da máquina, o bom senso ao pilotar, o uso de roupas apropriadas, capacete e de outros equipamentos de segurança. Mesmo assim, o risco continua presente. Sem ele, porém, não há inovação e crescimento. E foram dois elementos essenciais para a consolidação da MoveEdu.

Sistema inédito no Brasil

À medida que a rede de franquias cresce, os desafios se multiplicam. Quando atingiu vinte unidades, no início de 2007, a Prepara Cursos começou a chamar a atenção da mídia e faturar alguns prêmios de entidades do setor de franchising, sobretudo da Associação Brasileira de Franchising, a ABF. Por tabela, atraiu o interesse de pequenos investidores, todos fora do núcleo inicial formado por gente de meu networking.

Com isso, a velocidade da expansão disparou. No final daquele ano, a marca já estava presente em trinta endereços diferentes. No fim do primeiro semestre do ano seguinte, houve uma avalanche, logo depois de a bandeira Prepara Cursos faturar o prêmio de Melhor Franquia Emergente da *Pequenas Empresas & Grandes Negócios*, revista da Editora Globo, e de a Rede Globo veicular uma entrevista comigo (aquela que foi ao ar num dia 13).

Dias depois, o site da empresa travou, tamanha a quantidade de acessos de candidatos a uma franquia. Liguei para Camilo Carvalho e o orientei a triplicar a capacidade do servidor. Em seguida, pedi para que ele e Samanta Santinelo viessem a meu encontro e iniciamos uma maratona de ligações para mais de oitocentas pessoas cadastradas no site.

Agendamos apresentações com todas elas. As entrevistas com os candidatos nos consumiam dias inteiros, das primeiras horas da manhã até a meia-noite. Entre julho e dezembro de 2008, a Prepara Cursos assinou 156 contratos de franquia. Em menos de dois anos, a rede quintuplicou e ganhamos um porte que não tínhamos chegado perto de imaginar meses antes.

Creio que os franqueados foram atraídos por duas características da Prepara Cursos, ambas inovadoras no setor de formação profissionalizante e incorporadas depois a todas as marcas da MoveEdu: seu modelo de negócios baseado no ensino individualizado e no preço competitivo, o que o torna adequado às atuais demandas do mercado consumidor.

Nunca me faltou convicção em relação ao modelo. Era inovador, robusto e representava um diferencial no mercado. As poucas dúvidas que havia se dissiparam quando os primeiros resultados apareceram. Os próprios franqueados garantiam para os interessados que o sistema funcionava. O futuro parecia promissor — e realmente foi. Antes, porém, enfrentaríamos as dores do crescimento.

"Freio de arrumação"

A Prepara Cursos ainda não tinha estrutura para suportar a explosão no número de franqueados. No período de julho a dezembro de 2008, quando assinamos os 156 contratos, o quadro de funcionários não superava doze pessoas. Não havia departamentos definidos — cada membro daquele pequeno e valoroso time assumia uma série de tarefas que não necessariamente faziam parte do mesmo processo. Camilo Carvalho, por exemplo, vendia franquias e depois acompanhava todo o passo a passo para pôr a escola em funcionamento.

Não tardou para os problemas estourarem. O sistema de ensino informatizado "dava pau" com frequência maior do que era aceitável. A entrega de material didático e apostilas nas unidades atrasava. Às vezes até chegavam no prazo, mas em quantidades ou versões diferentes daquelas solicitadas. Choviam telefonemas para mim com queixas e pedidos de ajuda. Eu carregava dois celulares e mais um rádio da Nextel e ficava pendurado neles 24 horas por dia. Certa vez, em uma viagem de carro entre São José do Rio Preto e São Paulo, minha esposa contou 34 ligações recebidas nas cinco horas de duração do trajeto — quase sete telefonemas por hora.

O que fazer em momentos assim? São duas opções: diminuir o ritmo de expansão ou manter a velocidade. Por princípio e experiência, minha opinião é que uma boa oportunidade não dá uma segunda chance — ou é aproveitada quando surge, ou se perderá para sempre. E naquele momento específico a MoveEdu precisava crescer mais, pois o sistema de franquias requer muita escala — do contrário não há capital para investimento.

No entanto, se a estrutura não for sólida e consistente, o modelo se transforma num castelo de cartas. No meu caso, não acionei o "freio de arrumação"; continuei acelerando e, ao mesmo tempo, organizava a casa para atender aos franqueados. Fazer tudo ao mesmo tempo exige mais esforço, mas, se não seguíssemos esse caminho, a MoveEdu não seria o que é hoje.

Os empreendedores, em certo momento, sempre enfrentam esse dilema. Em seu livro *A loja de tudo*, sobre a Amazon, o escritor Brad Stone conta que "durante os anos de adolescência da Amazon, Bezos se recusou a reduzir o ritmo, dobrando e triplicando sua aposta na internet e na sua visão grandiosa de uma loja capaz de vender tudo". Ou seja, não abriu mão de seu sonho grande.

No franchising isso é ainda mais evidente. As empresas franqueadoras passam necessariamente pela etapa de crescimento rápido, caótico e desestruturado. No Brasil, país com extensão continental, um negócio só adquire escala se der um salto longo e rápido, caso contrário um concorrente fará isso, conquistará espaço e acabará engolindo você. Como administrar a situação? Com base na minha experiência, eu daria três dicas.

Primeira: disposição para ouvir. Mantive meus três telefones ligados e acessíveis aos franqueados. Isso significa, algumas vezes, recuar em decisões e segurar um pouco o ímpeto empreendedor. Anos atrás, com o intuito de manter um ritmo acelerado de expansão, construímos uma plataforma forte, agregando novos cursos, lançando outras versões dos mais antigos e melhorando o funcionamento do sistema. Em certo momento, os franqueados pediram: "Parem".

A rede não conseguia acompanhar a velocidade das mudanças, pois não tinha equipes e recursos suficientes para entender, incorporar e oferecer as novidades aos clientes naquela toada. "Bem", disse eu, "em vez de sofisticar demais o cardápio, vamos voltar para a cozinha e preparar um feijão com arroz bem temperado que seja o melhor do mundo."

E assim fizemos. Demos uma limpada no portfólio, cortando cursos, e melhoramos ainda mais o que já funcionava bem. Por exemplo: nosso plano era colocar no mercado um curso sobre o Windows 10 antes que o novo sistema operacional estivesse na praça. Esperamos e só fizemos o lançamento logo após o da Microsoft.

Segunda dica: transparência e assertividade. Ou resolvia o problema na hora, ou dava um prazo para a solução ou admitia que não resolveria. A insatisfação é um vírus que contamina rapidamente o ambiente até se tornar uma doença incurável. Não deixe o bichinho ganhar corpo e se transformar numa ameaça para toda a rede.

Em 2008, três franqueados, incomodados com as dificuldades comuns ao crescimento acelerado, convocaram uma reunião com outros membros da rede. O objetivo era mobilizá-los para pressionar a franqueadora. Assim que soube, chamei os três para uma conversa com o espírito de "ou vai, ou racha". "Por que vocês não estão satisfeitos?", perguntei.

Depois de um diálogo tenso, disse para eles que, se não quisessem permanecer na rede, tudo bem. Do contrário, eu não deixaria que estragassem o clima. Um deles respondeu que continuaria, com os outros dois fiz o distrato na hora. Ambos entraram na reunião como franqueados e saíram na condição de ex-franqueados.

Terceira dica: estruturar a operação. Logo depois da assinatura dos 156 contratos, organizamos a empresa em departamentos. Coisa básica: começamos com marketing, logística e uma central de atendimento ao franqueado. Nesse mesmo período, nomeei Ronaldo Vieira como máster franqueado no interior de São Paulo. Como a rede cresceu muito num curto espaço de tempo, a presença de másteres franqueados tornava o suporte às unidades mais ágil e próximo, pois eles se dedicam apenas a uma determinada região. Depois, vieram os másteres de Pará, Paraíba, Mato Grosso e Rio de Janeiro.

Franqueado, cliente número 1

O líder conduz a equipe, aponta os objetivos mesmo em cenários nebulosos e mantém o moral da tropa em alta. Nas conversas com o time da MoveEdu, eu ressaltava que, apesar das dificuldades, a cada dia registrávamos avanços na organização. Outra medida importante foi contratar consultorias especializadas para apoiar as equipes internas. A partir de tudo isso, desenhamos e implementamos processos para as principais etapas da prestação de serviço aos franqueados.

Uma das tarefas mais complexas na "arrumação da casa" foi estabelecer o modelo de impressão e distribuição de material didático. A quantidade de livros e apostilas chegava à casa de 500 mil exemplares anuais, gerando estoques gigantescos. A ruptura (ou seja, a falta de material) provoca prejuízos às escolas e trava o processo de aprendizado — e começamos a enfrentar esse problema com uma frequência cada vez maior. Por outro lado, se o giro dos estoques for muito lento, o dinheiro fica empatado e ameaça o fluxo de caixa da empresa. Atender a essas duas variáveis requer sintonia fina, e passamos anos procurando o equilíbrio.

Num primeiro momento, imprimíamos e encadernávamos o material dentro de casa, mas o volume de estoque levou a um colapso do sistema de organização e distribuição. Então passamos a imprimir em nossas máquinas e a terceirizar a encadernação. Também não deu certo, porque os custos subiram muito em função da escala ainda pequena.

Numa terceira tentativa, procuramos uma gráfica e mostramos a curva de crescimento na venda de material didático. Embora fosse ascendente, havia uma fragilidade pela variedade de produtos — uma parte das publicações tinha baixo volume, e outras, um volume maior. A conta não fechava. Nossa proposta foi a seguinte: contrato de um ano com garantia de pagamento mínimo. A margem, num primeiro momento, não era lá essas coisas, mas a gráfica apostava em nosso desenvolvimento.

Feita a parceria e resolvido esse ponto, precisávamos criar um sistema eficiente para a gestão dos estoques. À procura das melhores práticas no mercado, visitamos empresas em que a distribuição ocupasse um papel estratégico, como a Saraiva, maior rede de livrarias do país, e a São Paulo Distribuição e Logística (SPDL), uma associação entre os grupos responsáveis pelos jornais *O Estado de S. Paulo* e *Folha de S.Paulo*.

O exemplo da SPDL é bastante curioso: dois concorrentes históricos e ferrenhos decidiram unir forças por um desafio comum (entregar os jornais nos mesmos locais e nos mesmos horários), sem prejudicar a competição entre eles. A SPDL tem ainda a responsabilidade de distribuir um produto perecível — o jornal, que "perde a validade" depois das oito da manhã — num mercado com grande capilaridade, formado por bancas de jornal espalhadas por todo o país.

As visitas acenderam a luz que iluminou nosso caminho. A MoveEdu precisava desenvolver um processo de estocagem e distribuição, e não simplesmente automatizar o sistema já existente. Não se tratava de uma questão tecnológica, e sim de inteligência gerencial.

Hoje, mantemos uma máquina de logística bem azeitada, na qual o franqueado solicita material por um sistema on-line e o recebe em qualquer parte do país no prazo médio de 48 horas — em São Paulo, a entrega acontece em menos de 24 horas; no Nordeste, em uma semana, no máximo. Em 2014, inauguramos um prédio para atender às necessidades específicas da área, com prateleiras adequadas ao armazenamento de livros e apostilas, docas para carga e descarga e demais dependências.

A evolução e a sofisticação do sistema logístico acompanharam o crescimento do grupo. Quando somamos cem franquias, a encadernação foi terceirizada. Com 250 franqueados, fechamos a parceria com a gráfica. Ao atingirmos 350, montamos o sistema de distribuição. Um a um, resolvemos os problemas decorrentes do crescimento, sem abandonar os planos de expansão contínua. Abastecemos o avião em pleno voo. A prova do acerto dessa estratégia é o índice de insucesso das franquias no primeiro ano de operação: na MoveEdu, varia de 2,5% a 3%, ao passo que, no mercado, vai de 3% a 5%.

CAPÍTULO 6

Ousadia

A HORA DE DIVERSIFICAR

"Desenvolver, com inovação e tecnologia, redes de negócios de alta rentabilidade na área de educação e serviços correlacionados, proporcionando sucesso, satisfação pessoal e reconhecimento aos nossos alunos, colaboradores, franqueados, másteres e acionistas."

A frase acima representa a missão da MoveEdu, e nós a levamos muito a sério. Não só por uma postura filosófica: o enunciado funciona como uma espécie de GPS e indica a direção para os negócios. Além disso, nos orienta sobre o que se pode ou não fazer sem desviar a atenção para investimentos que não tenham sintonia com a vocação da companhia.

Esse princípio foi observado na hora de diversificar nossa atuação, com o desenvolvimento de cursos e a criação das quatro redes: Prepara, Ensina Mais, English Talk e Pingu's English. A missão carrega um conteúdo filosófico, que dá sentido para o trabalho e para a vida, mas também revela um pragmatismo essencial para a atividade empresarial, inclusive no momento de diversificação.

O empresário Jeff Bezos definiu bem a situação. Em *A loja de tudo*, de Brad Stone, o fundador da Amazon divide as empresas em dois grupos: as missionárias e as mercenárias. As primeiras "têm objetivos justos e tentam fazer do mundo um lugar melhor". Já as mercenárias "buscam dinheiro e poder e são capazes de passar por cima de qualquer um que atravesse seu caminho".

Bezos não tem dúvidas sobre a escolha. "Minha opção seria o missionário em qualquer circunstância", afirmou, para em seguida demonstrar seu pragmatismo: "Um dos grandes paradoxos é que geralmente são os missionários que acabam ganhando dinheiro".

A MoveEdu é uma empresa missionária (não tenho dúvida!), para usar a terminologia de Bezos. Foi nossa missão que nos indicou o modelo de diversificação que escolhemos, buscando "sucesso, satisfação pessoal e reconhecimento aos nossos alunos". Ao lançar um novo curso, desenvolver um serviço inédito e criar uma nova marca, não perdemos de vista dois aspectos relevantes.

O primeiro deles é ampliar ao máximo a relação entre o grupo e os alunos. O segundo aspecto é não se distanciar do *core business*, mas sem colocar uma camisa de força na atividade da empresa. Se o objetivo é acompanhar o desenvolvimento do aluno do período escolar, na infância, até a fase de consolidação profissional, já em idade adulta — passando pela formação básica necessária ao ingresso no mercado de trabalho —, isso significa que não precisamos nos ater aos cursos profissionalizantes. No livro *Além das fronteiras do core business*, o consultor americano Chris Zook alerta para os riscos de se apegar demais a um conceito estreito de *core business*:

> A expressão "além das fronteiras do *core business*" significa esta tensão entre o conforto e a sensatez do foco e a fascinação e a necessidade de ir para a frente, para o desconhecido. É às empresas que melhor equilibrarem estas forças opostas que caberá a criação do valor futuro.

Zook expõe o conceito de crescimento por "adjacências na cadeia de valor", ou seja, negócios que não necessariamente fazem parte do setor em que a companhia já atua, mas que não a afastam de sua vocação. O importante, ainda segundo ele, é não perder a "visualização do ideal" e o "equilíbrio dos movimentos adjacentes ao core". Isso é muito importante quando existe a necessidade de abrir novas frentes para continuar crescendo.

Portas de entrada

Entre 2004 e 2010, a MoveEdu cresceu aceleradamente. Ao final desse período, a rede de franquias somava trezentos pontos espalhados pela maior parte do território brasileiro. A partir de determinado porte, a expansão adquire uma velocidade mais moderada, já que muitas regiões ou cidades não comportam mais de uma escola. Assim, os próprios franqueados passaram a pedir novas oportunidades de crescimento.

Nosso desejo era criar várias portas de entrada para o aluno e oferecer opções para uma educação continuada, de forma a aprofundar e diversificar seus conhecimentos e melhorar a empregabilidade. O portfólio do grupo, hoje, acompanha o desenvolvimento educacional completo do aluno: da infância, com a Pingu's English, à fase adulta, com a English Talk.

Além dos benefícios profissionais para o estudante, isso criaria novas fontes de receita para a empresa a partir do grupo de alunos já existente. Em linguagem de negócios, tratava-se de "rentabilizar a base de clientes". A diversificação, em minha visão, não se limita à criação de novos produtos e serviços — ela requer também aprimorar os títulos já oferecidos, seja no conteúdo, seja na forma de apresentação.

Em nossa visão, a Prepara Cursos é a "faculdade do primeiro emprego", ou seja, qualifica o jovem para ingressar no mercado de trabalho. Nosso foco é o ensino profissionalizante, cuja regulamentação oficial é bem menor do que nos demais estágios (técnico e superior, por exemplo). Isso nos permite mais agilidade no lançamento de cursos — logo que uma demanda é identificada. Um novo curso pode surgir se atender a determinados critérios:

1. O mercado já sinalizou que há demanda?
2. O curso é viável no formato da Prepara, baseado no ensino individualizado e informatizado?
3. Seu alcance é nacional, e não apenas regional, garantindo a escala necessária que o modelo de negócios exige?

Para responder a essas questões, apostamos muito em pesquisas com os alunos e na coleta de dados nas escolas que visitamos para demonstrar nosso portfólio de cursos. Também acompanhamos as buscas na internet e em redes sociais pelas vagas mais demandadas e, assim, as matérias de que os candidatos a emprego mais necessitam.

A observação do desempenho dos estudantes abre infinitas janelas de oportunidades. Em 2010, os educadores da Prepara perceberam que os jovens apresentavam muita dificuldade em seguir um raciocínio lógico e em compreender e interpretar textos (em outras palavras, não entendiam muito bem o que liam). Reflexo da deficiência em duas disciplinas básicas, matemática e português, o problema era generalizado, independentemente de região, idade ou classe social.

Esse é, na verdade, um retrato da educação no Brasil. E para a Prepara foi uma excelente oportunidade de negócios. Por que não montar uma nova frente para suprir essa carência? Como não se tratava de curso profissionalizante e o alvo era um público diferente, levamos dois anos para desenvolver a Ensina Mais, uma marca voltada para estudantes dos ensinos fundamentais 1 e 2 que necessitavam de apoio escolar. Tínhamos identificado que os métodos educacionais clássicos, sem interação e avessos ao uso de tecnologia, desmotivavam o aluno. Por isso, os cursos do Ensina Mais se basearam em personagens, games e rankings, elementos presentes no universo de crianças e adolescentes.

Mas houve também um componente estratégico na decisão de lançar uma nova bandeira: a Ensina Mais nasceu em 2012 com mais valor agregado, permitindo elevar o tíquete médio do grupo. Além disso, é uma rede que atrai o aluno para o universo da MoveEdu mais cedo, ainda na passagem da infância para a adolescência. Nessa faixa, a competição é menos acirrada do que no mercado de cursos profissionalizantes, no qual concentrávamos todos nossos esforços.

O mesmo princípio foi seguido com o lançamento da English Talk, em 2015, depois de dois anos de estudo e desenvolvimento.

Trata-se de algo novo no mercado brasileiro. Com foco na conversação, o curso já nasceu de acordo com o conceito de ensino adaptativo, que, através de algorítmicos, identifica as principais deficiências do usuário do sistema e a partir daí direciona os exercícios para os pontos em que o jovem revela mais dificuldades. Um ensino altamente personalizado.

Como o principal objetivo dessa bandeira é aprimorar a conversação em inglês para jovens e adultos, o ambiente de ensino nada tem a ver com uma sala de aula convencional. O espaço assemelha-se a um *coffee shop* e às modernas estruturas de *co-working*, onde as pessoas não têm lugar fixo para sentar — tudo pensado para incentivar a interação entre os estudantes.

O inglês, idioma oficial das salas de aulas da English Talk, é utilizado desde o primeiro contato com os alunos, e o método é centrado em situações práticas, como simulações de casos reais e eventos interativos. Além disso, desenvolvemos um aplicativo específico para melhorar a pronúncia dos estudantes e criamos uma rede social em que se utiliza exclusivamente o idioma.

Esse modelo, conhecido como *blended learning*, era inédito no Brasil até a MoveEdu lançar a English Talk. Nossas pesquisas apontaram que os alunos consideravam os métodos tradicionais "monótonos", porque neles "só os professores falam". Os cursos on-line, por outro lado, eram "confusos" e dificultavam a "concentração". Dinâmica no formato e eficaz no conteúdo, a English Talk driblou esses problemas e apresenta um índice de aprendizagem 50% superior aos cursos convencionais de conversação em inglês.

Logo depois da English Talk, fizemos mais uma incursão no universo de ensino de idiomas com a Pingu's English, voltada para crianças a partir de três anos. À primeira vista, parece mais um curso de inglês em nosso portfólio, mas, por vários motivos, é muito mais do que isso. O lançamento da marca representou um passo revolucionário para o grupo, respeitando sua vocação e se encaixando com perfeição no planejamento estratégico.

Sucesso na Inglaterra

Em fevereiro de 2015, recebi um e-mail de Charlotte Pritchard. Diretora de marketing da Pingu's em Londres, ela anunciava que havia recebido nosso projeto de portal para a marca aqui no Brasil, que lançaríamos na internet nos meses seguintes.

Em sua mensagem, ela contou que ficou particularmente impressionada com a maneira como o portal incentivava os internautas a se converterem em clientes. Por isso, gostaria de utilizar o mesmo modelo na Inglaterra e depois replicá-lo para outras filiais pelo mundo. O Pingu's pertence ao Linguaphone Group, uma corporação criada em Londres em 1901 e especializada no ensino de idiomas. A associação com a MoveEdu trouxe para o Linguaphone Group experiências até então inéditas, escreveu Charlotte na mensagem.

Para a MoveEdu, foi também uma oportunidade única — era a primeira vez que utilizávamos um sistema de ensino desenvolvido externamente, e não dentro de casa. Foi também nossa primeira parceria internacional. Além disso, passamos por um processo de aprendizado com estrangeiros, situação desconhecida para a equipe até então. A Pingu's — cujo nome faz referência a um seriado de animação infantil de origem suíça que se tornou sucesso em todo o mundo — é pensada e estruturada para atender à criançada de três a dez anos. O ambiente é lúdico e interativo e conta com a presença constante do simpático pinguim Pingu.

Na Pingu's, assim como nas demais bandeiras da MoveEdu, o protagonismo é do aluno, que vivencia uma experiência intensa no processo de aprendizagem. Experiência e interação, aliás, são palavras-chave de nosso modelo — e não se trata apenas de recursos lúdicos para capturar a atenção do estudante, mas também de dois componentes didáticos que auxiliam na fixação do conteúdo.

Os mesmos conceitos inspiraram uma das iniciativas mais ousadas do grupo: o Programa +Empregos, um sucesso de público e alvo de muitos questionamentos pela aparente dissociação do foco da MoveEdu, a educação. É verdade; o programa não se encaixa na categoria de ensino, mas faz todo o sentido se visto e analisado a partir dos olhos dos clientes.

Negócio com base social

Mais uma vez a ideia surgiu discretamente dentro de casa. Um franqueado instalou um painel fixo na escola em que anunciava vagas abertas por empresas da região e, logo abaixo, uma placa com o nome dos alunos que tinham sido empregados por essas empresas. Em pouco tempo, outras unidades começaram a reproduzir a iniciativa. A pergunta seguinte foi: ora, por que não criar uma plataforma sob coordenação do próprio grupo? Afinal, estendida para todo o país, a iniciativa atenderia aos nossos critérios de diversificação: havia demanda por parte do mercado e grande potencial de escala, já que o alcance era nacional, e não apenas regional.

Assim nasceu o Programa +Empregos (PME), um portal que aproxima quem procura trabalho de quem oferece emprego — e, por isso, a iniciativa tem também conotação social. Recebi questionamentos sobre o risco de a MoveEdu se desviar de sua vocação, a educação. Não estaríamos fugindo do *core business* do grupo? Não, uma vez que o programa respeita a especialização da organização e gera mais valor para nossos clientes.

De fato, não se trata de uma atividade diretamente ligada ao setor de educação, mas a análise de Chris Zook no já citado *Além das fronteiras do core business* ajuda a explicar como o +Empregos é relevante à estratégia da MoveEdu. Eis o raciocínio de nosso cliente: o aluno faz um curso com o objetivo de encontrar um emprego, mas há um largo abismo entre um exército de candidatos e um punhado de empresas querendo contratar. O Programa +Empregos construiu uma ponte entre esses dois mundos e oferece um serviço adicional ao cliente. Em sua maioria, os jovens não sabem como procurar emprego, onde encontrá-lo e como se comportar para conquistar a vaga, e o programa os apoia nessa tarefa. Qualquer pessoa pode se cadastrar — não apenas nossos alunos —, e as franquias da MoveEdu são responsáveis pela prospecção das vagas.

Na esteira dessa iniciativa, as escolas promovem mensalmente o Mutirão do Emprego, ocasião em que profissionais especializados recebem candidatos a emprego e indicam a eles as vagas mais adequadas a seu perfil. Os jovens recebem, então, uma carta de encaminhamento, e caso sejam identificadas lacunas em sua formação, os profissionais podem sugerir cursos da MoveEdu.

No entanto, é expressamente proibido vincular a emissão da carta de encaminhamento à exigência de matrícula. Isso seria uma "emboscada", portanto não acontece — o franqueado, aliás, assina um termo de compromisso com essa regra.

Os números comprovam que não há vínculo direto entre o Mutirão e a venda de cursos. De cada vinte pessoas convidadas para o evento, dez comparecem e apenas uma delas se matricula em alguma de nossas escolas. Para um objetivo exclusivamente comercial, as campanhas de vendas são mais efetivas. Nelas, de cada nove jovens abordados, três vão à escola conhecer o sistema e um fecha contrato. Outro indicador da confiabilidade e do retorno do programa é o fato de ter se tornado o maior portal de empregos do país, com mais de 200 mil candidatos cadastrados e 30 mil vagas disponíveis.

Sinergia e conveniência

As marcas da MoveEdu têm quase nenhuma interseção de público e, por isso, não apresentam conflito entre si. Veja o caso da Aprenda, English Talk e Pingu's. O foco de todas é o ensino de inglês, mas uma não compete com a outra. A Aprenda mira jovens interessados em receber as primeiras noções do idioma. A English Talk procura aprimorar a conversação. E a Pingu's atende ao público infantil. Em algum momento, o aluno da Pingu's, já mais crescido, pode se matricular na English Talk, assim como um egresso da Aprenda.

As diversas bandeiras se alimentam. A MoveEdu é um organismo com diversos elementos que abastecem uns aos outros. Por exemplo: um aplicativo direcionado aos pais na Ensina Mais foi incorporado à plataforma da MoveEdu, ou seja, passou a atender aos clientes de todas as marcas do grupo.

O Ensina Flex é outro caso: trata-se de uma versão customizada da Ensina Mais, que funciona num pequeno espaço dentro da escola da Prepara. Já somam mais de cem pontos em todo o país. Concebida para regiões que não comportam o modelo integral da Ensina Mais, a Flex exige investimentos menores e, por tabela, instalação mais rápida. Equivale a uma prateleira das sandálias Havaianas numa loja do Pão de Açúcar ou o quiosque da Casa do Pão de Queijo no corredor de um shopping center.

A regra de ouro nesses casos encontra-se na sinergia e conveniência. Na Ensina Flex, o franqueado paga um valor baixo pela licença. Em compensação, atrai alunos que necessitam da proximidade da escola (é bom lembrar que, em geral, são crianças que não podem se deslocar sozinhas por grandes distâncias).

As bandeiras também se beneficiam do constante intercâmbio de ideias e experiências, chegando a mudar até mesmo o conteúdo do negócio, como ocorreu no caso da Ensina Mais. Tudo começou com o licenciamento da Pingu's para o mercado brasileiro. O personagem da marca, o pinguim boa-praça Pingu, não só fez um tremendo sucesso entre a criançada como se revelou uma ferramenta didática decisiva no aprendizado e na fixação do conhecimento por parte dos alunos.

Por que não utilizar o mesmo conceito na Ensina Mais, também destinada primordialmente para crianças? De cara, pensamos em Mauricio de Sousa, o criador dos personagens infantis mais populares e emblemáticos do país. Alguns anos antes havíamos entabulado um namoro entre as duas empresas, que não avançou.

Dessa vez, no segundo semestre de 2016, as conversas evoluíram para um nível mais profundo do que estimamos no primeiro momento. A Turma da Mônica não só entrou nas salas de aulas da Ensina Mais como passou a integrar o modelo de negócios. As escolas foram inteiramente remodeladas, incorporando a identidade visual dos personagens na decoração. Criamos novos conteúdos, com recursos de *storytelling*, a forma de transmitir mensagens de maneira agradável e atraente, sem abandonar a profundidade e a visão pedagógica. Para isso, contamos com o carisma de Mônica, Cebolinha, Cascão e os demais participantes da turma e o uso de ferramentas audiovisuais. Mudanças tão marcantes exigiram um novo nome para o empreendimento, que expressasse o conteúdo mais profundo e sofisticado. Assim surgiram os Programas Educacionais Ensina Mais Turma da Mônica.

Games e realidade virtual

Quando, em 2010, começamos o processo de diversificação, também acentuamos a melhoria dos recursos didáticos, com o objetivo de aumentar a interação, reforçar a atratividade do material e assegurar a absorção plena do conteúdo por parte dos alunos. Aumentamos a frequência no uso de vídeos e animações e investimos em designs mais arrojados nas escolas, de forma a tornar a experiência do estudante rica e envolvente.

Alguns dos módulos já utilizam até mesmo recursos de realidade virtual. É o caso, por exemplo, do curso de Petróleo e Gás, no qual há a simulação da operação de uma plataforma de extração de petróleo. Ou do curso de turismo e hotelaria, para o qual criamos uma agência de turismo virtual onde o aluno tem oportunidade de "trabalhar".

Ao mesmo tempo, incorporamos recursos e equipamentos que fazem a cabeça da garotada, como smartphones, tablets, redes sociais, games etc. O efeito vai além do lúdico, pois torna o aprendizado mais eficaz e melhora a memorização dos ensinamentos. O volume crescente de informação e a constante evolução dos modelos de ensino da MoveEdu, utilizando recursos tecnológicos avançados, exigiam mais agilidade e robustez dos sistemas da empresa. Precisávamos de uma plataforma para colocar tudo isso on-line, facilitando a remessa para a rede de franqueados, além de permitir a criação de novas funções e interligar públicos, como os pais dos alunos.

Durante oito meses, nossa equipe, em conjunto com especialistas contratados principalmente para esse projeto, pesquisou o que havia de mais avançado na área. A inspiração veio da edX, uma plataforma de ensino criada em 2012 pela Universidade de Harvard e pelo Massachusetts Institute of Technology (MIT). A edX oferece cursos gratuitos, sempre no ambiente virtual, em parceria com mais de noventa instituições de todo o mundo. É o que existe de mais moderno e consistente em ensino à distância atualmente.

Depois, o time responsável pelo projeto consumiu mais um ano e meio no desenvolvimento da plataforma do grupo. As possibilidades abertas são inúmeras. Criamos um espaço exclusivo para os pais, no qual podem acompanhar a atividade do filho e da escola. Eles têm acesso a todas as informações referentes à agenda de aulas, à assiduidade na classe e ao desempenho, entre outros indicadores. É uma prestação de contas para quem paga o curso.

Essas ferramentas ajudam a quebrar a barreira cultural que dificulta a passagem do ensino presencial para o ensino interativo. Essa é tendência mundial para o setor de educação. Pesquisas nos Estados Unidos indicam que há um aumento de até 50% no aprendizado com o ensino híbrido. Creio que no futuro todas as aulas serão presenciais, mas com grande dose de personalização e disponibilidade de complemento educacional on-line, que pode ser acessado em qualquer ocasião ou local.

Com isso, nosso cliente recebe valor agregado em relação ao que os concorrentes oferecem, sem que a empresa e os franqueados sofram com o aumento de custos operacionais. Com a diversificação, verificamos um aumento significativo nas receitas recorrentes, isto é, aquelas que se repetem durante certo período de tempo. O desafio, nesse caso, é oferecer opções atraentes e úteis para que o aluno se inscreva em novos cursos, aumentando sua empregabilidade.

É isso que o convence a se inscrever em outro de nossos cursos depois de receber o diploma do primeiro. É um ingrediente importante na equação financeira da empresa. O custo de captação de clientes é alto, e a conta não fecha se seu tempo de permanência em nossas classes for de apenas seis meses.

Os números mostram com clareza os resultados obtidos com a política de agregar valor permanentemente aos cursos e ao portfólio.

Em 2004, o tíquete médio encontrava-se em R$ 29,90. No final de 2016, havia saltado para R$ 119,00, um crescimento próximo a 300%. No mesmo período, a inflação oficial do Brasil atingiu 89%. As empresas do setor não acompanham a velocidade de inovação da MoveEdu, e aí reside uma das grandes vantagens competitivas da companhia.

A inovação precisa se adaptar, ao mesmo tempo, ao ritmo do consumidor e do franqueado. A MoveEdu vivenciou duas experiências que ilustram a dificuldade de obter a sintonia fina nesse caso. Certa vez, lançamos uma campanha de vendas com recursos de realidade aumentada, que utiliza imagens de vídeo em 3-D no ambiente digital — o holograma é um exemplo dessa tecnologia. Na campanha, o potencial cliente era convidado a participar de um game para conhecer os cursos disponíveis.

A ideia, embora muito atraente e criativa, não foi adiante, pois a implantação em quase quatrocentas franquias se revelou uma tarefa gigantesca em função da complexidade e do peso do sistema. Além disso, os bugs frequentes irritavam os potenciais alunos. Enfim, um tiro pela culatra.

Em outro momento, substituímos o antigo sistema de gestão da rede de franquias, que rodava off-line, por uma versão on-line, mais potente, ágil e completa. A transição aconteceria ao longo de seis meses. Os ajustes necessários, o cadastramento, o treinamento, entre outras dezenas de tarefas, exigiram um esforço muito superior ao planejado inicialmente. Não abandonamos o projeto — afinal, os ganhos de produtividade não podem ser desprezados e os resultados são muito bons, tanto para os franqueados como para o franqueador. Estendemos o período de substituição.

A tecnologia também se tornou uma aliada em nossas investidas ao mercado. Nos últimos anos, ficamos mais ousados nos planos de expansão. Antes, procurávamos brechas que os competidores deixavam. Não mais. Graças a um software de geoprocessamento, identificamos onde nossos concorrentes estão localizados. É lá que vamos abrir unidades das escolas da Prepara Cursos, ou da Ensina Mais, ou da English Talk ou da Pingu's — ou de todas elas. Se necessário, ao lado de uma instituição já existente.

O embate é direto, e temos confiança de que ganharemos graças aos nossos diferenciais, sobretudo na inovação, na entrega do conteúdo e nos resultados colhidos pelos clientes. Essa é uma postura de líder — e não me refiro à liderança em market share. Falo da liderança em práticas e modelos inovadores e únicos no mercado. Manter essa posição requer disposição para identificar e aceitar o novo e os riscos que isso implica. Uma cultura empresarial que não tolera o erro cria uma camisa de força para a inovação.

Os funcionários não arriscam, pois, caso os resultados não sejam positivos, temem uma punição que pode culminar com a perda do emprego. Num ambiente como esse, o melhor é manter o statu quo, simplesmente reproduzindo o que é feito há anos, sem apostar em novidades de qualquer tipo.

James Collins e Jerry Porras abordam o assunto em seu livro *Feitas para durar*, considerado um clássico da literatura de administração e negócios. Segundo os autores, a 3M, uma referência no campo da inovação, agregou à sua "ideologia central" (a expressão é deles) os seguintes princípios: "Não se deve matar a ideia de um novo produto" e "Tolerância com respeito a erros honestos".

Um dos presidentes da empresa em seus primórdios, William McKnight, fez a seguinte advertência: "Quando a gestão faz críticas destrutivas aos erros, ela mata a iniciativa, e é essencial que tenhamos muitas pessoas com iniciativa se quisermos continuar crescendo". Outro antigo presidente da companhia, Richard Carlton, resumiu assim a importância das novas ideias para o negócio: "Cada ideia deve ter a chance de provar seu valor por dois motivos: 1. Se for boa, nós a queremos; 2. Se for ruim, nós teremos a certeza e a tranquilidade de saber que provamos isto".

McKnight e Carlton comandaram a 3M há quase cem anos e até hoje seus conceitos permanecem vivos, e com eles a cultura empresarial. Esse é um grande desafio que o empreendedor enfrentará em algum momento: como estabelecer uma liderança de forma a arraigar a cultura e assim perenizar sua obra? Em geral, a pergunta começa a povoar a cabeça do empreendedor quando o negócio mostra bons resultados e sinais firmes de consolidação.

Com o forte crescimento de nossa rede de franquias e, mais recentemente, com o passo mais audacioso de nossa trajetória, a aquisição das marcas S.O.S, People e Microlins, a MoveEdu chegou a essa fase.

CAPÍTULO 7

Liderança

A EMPRESA É UM SUCESSO. E AGORA?

O americano Warren Buffett administra um patrimônio de quase 70 bilhões de dólares num escritório com pouco mais de vinte funcionários. O portfólio da Berkshire Hathaway, sua companhia de investimentos, inclui participações em marcas como Coca-Cola, Gillette, American Express e Kraft-Heinz, além de dezenas de companhias nos mais variados setores da economia.

É claro que Buffett não está presente em cada uma das empresas nas quais é acionista. E é óbvio também que não perde dinheiro por isso. Por intermédio de um eficaz sistema de informações e controle, ele acompanha o que acontece de mais importante em cada um dos negócios e interfere nas questões estratégicas.

Buffett já não possui o perfil típico do empreendedor. Hoje, é um investidor, embora mantenha a visão de longo prazo e o anseio constate por crescimento que caracterizam os empreendedores. Seu exemplo, porém, mostra que é possível se afastar do dia a dia dos negócios sem perder o controle e, principalmente, sem abandonar o prazer da realização, de fazer acontecer.

Diversos empreendedores se perdem ao fazer essa travessia. Ou se distanciam excessivamente da empresa e a deixam à deriva; ou continuam apegados ao cotidiano, centralizam as decisões e, assim, emperram a expansão, justamente o principal componente do sonho grande.

Esse é apenas um dos dilemas que os empreendedores enfrentam quando a empresa que criaram atinge uma dimensão maior. Além disso, passam a ser assediados por investidores interessados em adquirir o negócio ou ingressar como sócios. É bom ou ruim? Vale ou não vale a pena?

Além disso, como manter viva a cultura que levou o empreendimento ao sucesso? Afinal, já não se trata apenas do fundador e de meia dúzia de colaboradores fiéis e dedicados. São alguns milhares de pessoas, incluindo os funcionários diretos e todos aqueles que trabalham na rede de franquias e nos fornecedores mais próximos.

Delegar e monitorar

Steve Jobs era um sujeito altamente centralizador, mas concentrava suas energias em inovação, pesquisa e desenvolvimento e no marketing da Apple — suas performances no palco por ocasião de lançamento de produtos se tornaram os momentos mais aguardados nos eventos da companhia. Soube encontrar o espaço estratégico dentro da organização que lhe dava mais satisfação.

Meu objetivo é, nos próximos anos, assumir paulatinamente o papel de *chairman* em tempo integral, voltado a três grandes campos: geração de novos negócios, governança e montagem e desenvolvimento das equipes. Hoje, dedico 70% de minha jornada às funções de CEO, mais operacionais, e apenas 30% às de *chairman*, mais estratégicas. Ainda acompanho passo a passo, por exemplo, o lançamento de novos cursos e produtos.

A transição requer um trabalho de desapego de minha parte. O ingrediente emocional é muito forte. Encontro-me nessa fase, afastando "o umbigo do balcão". Hoje fico mais feliz em saber que uma pessoa de nosso time tomou uma iniciativa bem-sucedida para a empresa do que se eu tivesse feito.

A MoveEdu está criando uma estrutura que permite monitoramento da operação sem que seja necessária minha presença física. É como criar um painel de bordo que reflita o status do negócio a cada momento.

Todos os dias, às oito e meia da manhã, recebo um relatório com cinco indicadores que permitem sentir o pulso da operação: número de matrículas, evolução do faturamento, volume de receitas novas, evasão escolar e nível de inadimplência. Uma vez por semana, são geradas planilhas com o número de atendimentos, a posição das vendas de livros e apostilas e o tempo de entrega desse material nas franquias. E mensalmente chegam a mim os resultados macros, como faturamento consolidado, lucro e geração de caixa.

Ao mesmo tempo, implantamos nos últimos anos uma estrutura administrativa mais robusta, que se tornou ainda mais necessária com a incorporação das novas bandeiras. E há três anos elaboramos, com apoio de consultorias especializadas, nosso primeiro planejamento estratégico, muito bem estruturado, aliás.

Foi um processo que culminou com a implantação de uma cultura de resultados, que já existia em nosso DNA, mas necessitava de sistematização e instrumentos práticos para garantir sua difusão numa empresa de crescimento contínuo. O quadro de pessoal e a rede de franquias se expandiam a cada dia, e já não era possível conversar pessoalmente com cada funcionário e fraqueado para transmitir nossos valores e princípios.

A Endeavor, uma ONG global de suporte ao empreendedorismo, e a Fundação Dom Cabral, uma das mais prestigiadas escolas de negócios do país, nos ajudaram a construir os processos necessários de governança, transparência e meritocracia. Na prática, isso nos levou a implementar gradualmente sistemas de remuneração variável e de participação no capital da empresa para uma parcela de nossos gestores. A construção do planejamento estratégico levou a uma transformação profunda na MoveEdu e nos obrigou a refletir sobre temas que sempre estarão no radar dos empreendedores, como a presença ou não de um sócio no negócio.

Sócio: ter ou não ter?

"Você já pensou em ter um sócio?" A pergunta é inevitável nas feiras de franchising, nas convenções e nos mais variados eventos corporativos. Os franqueados a fazem com frequência. Fornecedores, também. Parceiros como bancos, idem. Até mesmo você, leitor, deve estar questionando. De tão recorrente, analisamos essa questão com profundidade ao longo da negociação para adquirir as três marcas do grupo Pearson.

É importante que o empreendedor entenda que há vários tipos de sócios, e cada um deles traz contribuições e desafios diferentes:

- Há o investidor, em geral um fundo de *private equity* ou até uma pessoa física, que faz um aporte na companhia e tem como objetivo vender sua participação depois de um período de valorização;
- O sócio estratégico é aquele com visão de longo prazo, e na maioria dos casos atua na mesma área ou concentra nela seus negócios;
- Como ocorre atualmente na MoveEdu, os próprios colaboradores podem se tornar sócios, através de programas de *stock options*, ou seja, recebem cotas da companhia;
- Um eventual IPO, ou seja, a abertura de capital na bolsa de valores, traz centenas ou milhares de sócios anônimos. Nem por isso deixam de demandar informações e esclarecimentos sobre a companhia. O principal canal de comunicação nesse caso é a Comissão de Valores Mobiliários, a CVM, uma espécie de fiscal do mercado de capitais.

Já conversei com dezenas de interessados em participar do capital da MoveEdu. Jamais recuso uma reunião. Esses encontros são positivos porque geram outros negócios. Num desses contatos, conheci uma consultoria na área de educação corporativa e extraí algumas boas ideias para nosso sistema de ensino. Também nos aproximamos de outra companhia do setor de informática, e com eles desenvolvemos alguns cursos específicos.

Os potenciais investidores trazem dados importantes sobre o mercado. Antes de abrir conversações, estudam minuciosamente o setor e as empresas que nele atuam. Assim, conhecem com profundidade o quadro atual e já desenham cenários futuros. São profissionais com grande capacidade de análise e de projeção.

O arsenal de informações colhido nessas reuniões me ajudou a abrir a cabeça e pensar fora do quadrado. Alguns pontos foram incluídos, inclusive no planejamento estratégico. Nunca avancei em negociações que envolvessem a transferência do controle da companhia. Não fechei nenhuma porta para eles; também não passei o chapéu. Não pretendo ser peça de Lego no jogo de um grupo empresarial sem vínculo direto com o negócio que criamos.

Não tenho prevenção contra eventuais parceiros, desde que agreguem valor ao negócio — essa deve ser a principal meta. Há fatores fortes de sedução que, muitas vezes, pouco têm a ver com os objetivos que o empreendedor definiu para sua trajetória. O retorno financeiro, por exemplo, é em geral bastante atraente — mas o dinheiro nem sempre é o que interessa naquele momento. Em alguns casos, até a vaidade motiva a venda de parte dos ativos. Afinal, já pensou ser sócio de um fundo de investimento reconhecido no mercado ou de uma corporação conceituada em sua área de atuação?

Essas não são as questões centrais. Um sócio pode suprir necessidades importantes para um negócio. Dinheiro, por exemplo, para capitalizar a empresa e remunerar o acionista. Ou ambas as coisas. Outra contribuição de um parceiro é gestão. Nesse ponto, fundos de *private equity* se destacam, pois em geral, ao adquirir parcela do capital de uma companhia, escalam alguns executivos de sua confiança para compor a diretoria.

Trata-se de gente altamente preparada e sintonizada com modelos avançados de gestão. Também não carregam laços com a estrutura gerencial, o que lhes dá liberdade para propor mudanças e sugerir inovações. Por outro lado, o desconhecimento em relação à cultura da organização pode levar esses profissionais a tomarem decisões que desconsiderem o jeito de ser e de fazer da empresa, e que por isso não serão aceitas pelo time original.

Outro risco: os objetivos dos novos acionistas podem ser diferentes daqueles do empreendedor. Este, por definição, em geral busca a expansão constante do negócio, atendendo o anseio de fazer acontecer. Seu sonho não tem fim — é sempre gigantesco. O empreendedor se alimenta do próprio sucesso e cresce sem parar. Por isso, mira o longo prazo, tendo como motivação perenizar a empresa.

O objetivo da maioria dos fundos de investimento e de *private equity* é extrair o maior lucro possível no mais breve espaço de tempo — em geral, três a cinco anos. Isso não é bom, nem é ruim. É apenas a essência da atividade dos fundos. Então, as expectativas dos investidores e dos empreendedores nem sempre batem. Dinheiro? Não é o caso da MoveEdu, que possui recursos em caixa para as demandas financeiras e para os investimentos necessários ao crescimento.

Gestão? A MoveEdu desenvolveu sistemas e processos que se tornaram conhecidos no mercado pela eficiência e pela eficácia. Além disso, existem muitos recursos disponíveis de apoio à gestão do negócio, como entidades não governamentais e consultorias. Desde 2012, por exemplo, a MoveEdu recebe apoio da Endeavor. Jorge Paulo Lemann e Beto Sicupira, do 3G, trouxeram a organização para o Brasil e convidaram um grupo de empresários e executivos para atuar de forma voluntária como mentores.

Esse time inclui nomes como os próprios Sicupira e Lemann, além de Elie Horn, Pedro Passos, Laércio Cosentino, Fábio Barbosa, Miguel Krigsner, entre outros. De tempos em tempos, os empreendedores da Endeavor se reúnem com eles para discutir aspectos relativos aos seus negócios, sobretudo do ponto de vista estratégico. Durante a negociação com a Pearson e a avaliação das várias opções para adquirir as marcas, tive conversas profundas e reveladoras com esses empresários, que me ajudaram muito na tomada de decisões. São oportunidades que dificilmente se abririam se não fosse por intermédio da Endeavor.

Divisão de responsabilidades? Compenso essa necessidade com a delegação para minha equipe. Com isso, libero meu tempo para traçar estratégias, desenvolver novos negócios, além de ampliar constantemente o networking da empresa e mantê-lo ativo. O desafio é não perder o controle do negócio em função da delegação. A tecnologia permite o acompanhamento próximo do dia a dia, com planilhas e relatórios predefinidos que recebo periodicamente.

Além disso, tenho conversas frequentes com os franqueados, o que me permite sentir o pulso do mercado. Uma das grandes preocupações deles reside justamente na entrada de um sócio na Move-Edu. Só a possibilidade já provoca efeitos negativos na rede. O temor é que a presença de um fundo ou um grupo empresarial tire a paixão pelo negócio.

Com base nas reflexões contínuas sobre o tema, defini algumas perguntas que devem ser respondidas sempre que um empreendedor recebe uma proposta de sociedade.

1. O que eu quero para minha empresa e quem será o sócio que me ajudará a atingir esse objetivo?
2. O que o candidato a sócio trará para a companhia?
3. No que ele complementará meu perfil?
4. Qual o histórico dele nas empresas em que participa e quais os resultados obtidos?

As respostas a essas perguntas podem revelar que a chegada de um sócio é um bom negócio. Alguns exemplos:

- O empreendimento necessita capturar recursos? Um banco de investimento pode ser a saída.
- A empresa cresce de forma acelerada e precisa de uma nova estrutura que dê sustentação e acompanhe o ritmo? Vá atrás de um fundo de *private equity* que ofereça inteligência e experiência em gestão.
- O número de herdeiros é grande e há potencial de conflitos na sucessão? Talvez o melhor, nesse caso, seja buscar não um parceiro no capital, mas, sim, vender o negócio em sua totalidade.
- A fragilidade dos resultados da companhia exige uma mudança radical nos rumos e na equipe? Em vez de romper os laços com o

passado, transferir o controle é o caminho mais indicado, assim como no item anterior.

De qualquer forma, a simples avaliação de uma proposta de sociedade já gera benefícios, pois nos leva a analisar nosso negócio e identificar pontos de melhoria. Anos atrás, quando o mercado acionário vivia um momento de muita vitalidade, estudei a possibilidade de um IPO, a oferta inicial de ações, que traria milhares de sócios à empresa. Ouvi muita gente especializada em bolsas de valores e conheci muitas empresas que abriram capital.

O IPO é uma opção com muitos prós e alguns contras. Além de mecanismos maduros de governança, que são incorporados aos sistemas de gestão, a companhia ganha também muita liquidez. Por outro lado, a empresa se torna refém da necessidade de apresentar resultados sempre positivos, mesmo que se encontre numa fase de investimento estratégico cujo retorno será visível apenas algum tempo depois — quem sabe, anos. Isso pode levar a ações de efeitos mais imediatos e à adoção de uma visão de curto prazo. É a síndrome dos balanços trimestrais.

Ao longo dessa reflexão, percebi muito valor nas exigências legais e regulatórias para a abertura de capital. Esse conjunto de regras deixa a empresa nua e expõe suas fraquezas, sobretudo a ausência de processos, a frouxidão nos controles, a organização de relatórios financeiros, entre outras coisas. A correção desses pontos leva a empresa a um nível de governança muito bom. Impus como objetivo estruturar a organização para fazer o IPO, mas sem necessariamente fazê-lo. A abertura de capital, assim, tornou-se um meio e não um fim.

Toda essa reflexão é resultado de mais de cinquenta sondagens que recebi nos últimos anos, das quais extraí as conclusões que acabo de relatar, reforçando que meus conceitos sobre empreendedorismo nascem, sobretudo, da prática, do dia a dia. O aprendizado foi de grande valia quando recebi um telefonema de Giovanni Giovannelli, CEO do grupo Multi, na ocasião um dos maiores grupos educacionais do país e conhecido pelas marcas Wizard, Microlins, S.O.S e Yázigi, entre outras.

Namoro com o grupo Multi

Giovanni Giovannelli é um italiano simpático, muito diplomático e radicado há anos no Brasil. No telefonema, ele me convidou para um jantar em sua casa na região da avenida Brigadeiro Faria Lima, em São Paulo.

Havíamos nos conhecido meses antes, quando o Grupo Multi demonstrou interesse em adquirir a MoveEdu. Fundado por Carlos Wizard Martins, o Multi tinha presença muito forte no mercado de cursos de idiomas e profissionalizantes, e viu na MoveEdu uma oportunidade de expansão e ganhos de sinergia. Na ocasião, as conversas não prosperaram. Por isso, durante o jantar, Giovannelli disse: "Notamos que você não quer vender sua empresa. Então, vou sugerir um novo desafio".

A proposta feita por ele realmente era muito mais atraente do que a primeira. Todas as marcas de ensino profissionalizante do Grupo Multi, assim como a MoveEdu, seriam reunidas em uma única empresa, cujo capital seria dividido entre mim e o Multi, de acordo com a avaliação de cada ativo feita por uma consultoria independente. "A partir daí você assume a gestão de todas as bandeiras profissionalizantes e toca o negócio com seu time", propôs Giovannelli.

Mais atraente que o anterior, o novo formato apresentava prós e contras. Por um lado, eu me tornaria acionista de um grupo maior, dono de importantes bandeiras de ensino profissionalizante do país, com excelentes perspectivas de crescimento e, inclusive, a possibilidade de um IPO num período de tempo não muito longo. Em contrapartida, minha fatia seria minoritária, já que uma parte pertencia ao fundo Kinea, do Banco Itaú, e outra ficaria nas mãos de Carlos Wizard Martins. Matutei bastante sobre o assunto e já tinha uma ideia formatada quando decidi consultar os diretores da MoveEdu. E a avaliação deles coincidiu com a minha, o que demonstrava nossa identidade de visão.

Eles também se sentiam lisonjeados pelo convite para comandar do nosso jeito a nova empresa, como o Multi propunha — afinal, isso revelava que os principais concorrentes reconheciam o valor de nossa inteligência para gerir negócios. Os diretores ponderaram que as duas empresas (Multi e MoveEdu) viviam momentos diferentes e apresentavam objetivos que necessariamente não se conciliariam. A MoveEdu tinha o foco no crescimento de suas operações, enquanto o Multi buscava outros rumos para os negócios. Com esse veredito, agradeci a Giovannelli e recusei a proposta. Logo depois comprovamos que nossa avaliação estava correta, pois, em dezembro de 2013, Carlos Wizard comunicou ao mercado a venda do Multi ao grupo Pearson por quase 2 bilhões de reais.

A Pearson é um colosso britânico com atuação na área de educação e editorial em mais de sessenta países ao redor do mundo. Ao arrematar o Multi, reforçou sua presença no Brasil, onde já controlava o Sistema Educacional Brasileiro (SEB), comprado em 2008 por quase 500 milhões de dólares.

É só olhar essas cifras para perceber que a MoveEdu deixava de ter um concorrente grande, o Grupo Multi, para enfrentar um concorrente gigantesco, a Pearson. À primeira vista, uma péssima notícia, mas logo percebi que havia uma oportunidade que, se bem aproveitada, significaria o maior salto na história da MoveEdu.

Controlar a ansiedade

Tempos depois da incorporação da Multi pela Pearson, eu estava sentado no Octavio Café, um restaurante localizado na avenida Brigadeiro Faria Lima que se transformou num ponto de encontro de empresários e executivos. Dias antes, eu tomara a iniciativa de ligar para Giovanni Giovannelli. De presidente do Grupo Multi, ele passara a presidente da Pearson no Brasil. O objetivo do convite para tomar um café estava bem delineado: eu queria comprar os cursos profissionalizantes que antes pertenciam ao Multi e foram incorporados pela Pearson. Depois dos "entretantos" iniciais, fui direto ao assunto: "Giovanni, o que vocês pensam do ensino profissionalizante? Quais os planos que vocês têm para eles?", perguntei.

Rápido no raciocínio e bom de negociação, ele imediatamente

percebeu minha intenção e devolveu, valorizando o ativo: "Vamos seguir com eles. É um ótimo negócio".

Assim foi a conversa, um jogo de xadrez respeitoso e de lances cuidadosos. Em momento nenhum falamos de compra e venda, mas o recado estava dado. A lógica de minha abordagem foi a seguinte: a operação de cursos profissionalizantes respondia por uma parcela minoritária das receitas do Grupo Multi, e menor ainda na Pearson do Brasil.

O grosso do faturamento vinha das redes de ensino de idiomas, como Wizard, Yázigi e Skill. Então, refleti, em algum momento os britânicos decidiriam se desfazer de ativos e concentrar as atenções nas áreas de maior peso. Quase um ano depois, a previsão começou a se confirmar. Logo Giovannelli me chamou para um novo encontro. "Você tem real interesse nas redes de escolas profissionalizantes da Pearson?", questionou ele. "Decidimos passar esse negócio adiante e vamos abrir informações para os possíveis compradores. A MoveEdu é concorrente direta e só daremos acesso aos dados se você me confirmar que é para valer."

A preocupação de Giovannelli era compreensível. Não é raro que empresas participem de processos de venda com o único intuito de colher informações sobre os rivais. No jargão do universo corporativo, esse conjunto de dados foi batizado de *data room*, ou *data book*. Tranquilizei meu interlocutor: "Tenho, sim, interesse, mas preciso conhecer as redes com mais profundidade para levar as conversas adiante. O que posso garantir é que não vou entrar no processo para brincar".

No final da reunião, a bola ficou com Giovannelli. Caberia a ele dar o próximo passo e enviar as informações necessárias para começarmos a avaliar. Ao longo do encontro, me contive para não revelar minha empolgação. A essência do empreendedor reside num inesgotável desejo de expandir os negócios e provocar impacto cada vez maior na sociedade. A eventual incorporação das redes Microlins, S.O.S e People colocaria a MoveEdu em outro patamar, multiplicando as receitas e a presença da companhia no país. Com as novas bandeiras, atingiríamos públicos que estavam fora de nosso alcance e ofereceríamos cursos inéditos em nossas escolas, completando um portfólio que já era rico e diversificado.

Além disso, consolidaríamos a posição de maior rede de ensino profissionalizante no país (e também no mundo) e criaríamos uma barreira colossal para a entrada de novos competidores no mercado brasileiro. O entusiasmo, nesses casos, é mais do que positivo: é obrigatório para levar as negociações adiante e superar os obstáculos que sempre aparecem em processos complexos como o de compra e venda de companhias.

E aí que mora o perigo. É comum que a adrenalina tome conta da situação e leve o empreendedor a tomar decisões precipitadas e, por consequência, fazer um mau negócio. Anos atrás, acompanhei pelo noticiário a fusão entre as Casas Bahia, da família Klein, e o Ponto Frio, do grupo Pão de Açúcar, na época ainda sob o comando de Abilio Diniz. Segundo jornais e revistas, o acordo foi selado em apenas dois meses, o equivalente a uma fração de segundo para uma transação desse porte.

Alguns dias depois os sócios já estavam às turras, o que provocou um novo acordo financeiro entre eles. A relação entre as duas partes, no entanto, estava comprometida, e a convivência nunca mais foi pacífica. Para evitar o canto da sereia, me amarrei a limites e parâmetros que se mostraram certeiros. Formulei esses pontos da seguinte forma:

- Comprar não é necessariamente ganhar;
- Deixar de ganhar não é obrigatoriamente perder;
- Comprar é ganhar se for um bom negócio;
- Não comprar é ganhar se não for um bom negócio.

Ex-presidente mundial da GE e um dos maiores líderes empresariais da história, o americano Jack Welch resumiu o risco da ansiedade. De forma bem-humorada e com uma pitada de ironia, ele disse que para fazer um bom negócio basta adquirir uma empresa pagando um múltiplo baixo do Ebitda. Mas, se quiser fazer um mau negócio, é só pagar um múltiplo alto do Ebitda.

Com isso na cabeça, passei a olhar a possível aquisição como o passo mais importante (mas não imprescindível) na história da MoveEdu. Se não fosse possível dar aquele passo, todos os planos da empresa continuariam de pé — e havia muita coisa a fazer mesmo sem a aquisição.

Tínhamos quatro marcas reconhecidas e premiadas e duas outras em fase de maturação. E havia espaço para muita consolidação no mercado, mesmo sem a transação com o Grupo Pearson. Além disso, eu precisava ouvir mais gente, tanto fora como dentro da organização. Convoquei os quatro diretores da MoveEdu, expliquei o caso e determinei: "Eu toco a bola para a frente, aviso vocês do andamento das negociações e peço apoio quando necessitar de informações ou de algum trabalho específico".

O objetivo era blindar a operação da MoveEdu e não deixar a equipe perder o foco, prejudicando os resultados, o que é comum nesses casos. Ao mesmo tempo, contratei um dos maiores especialistas em aconselhamento estratégico e assessoria em fusões e aquisições do mercado, o banco Moelis & Company.

Os valores envolvidos no negócio eram vultosos. Sozinha, a MoveEdu não teria bala para bancar a transação, pensava eu. O caminho apontava para a associação com um fundo de *private equity*. Os investidores participariam com algo em torno de 30% da empresa que resultaria da soma das operações da MoveEdu e das três marcas da Pearson.

A presença de um sócio muda um bocado a vida de uma organização, sobretudo no caso de um fundo de investimentos. As decisões se tornam mais lentas. A visão de longo prazo também pode ser prejudicada, pois os fundos preocupam-se muito mais com os resultados mais imediatos, como afirmei antes, já que a meta é valorizar rapidamente o negócio para vendê-lo com lucro.

Por definição, isso não é bom nem ruim. Trata-se apenas da natureza desses fundos, embora haja diferenças entre eles. Bem-humorados, os profissionais de mercado comparam os fundos aos passageiros de um carro dirigido por um empreendedor e que se comportam de três maneiras diferentes:

1. Aqueles que sentam no banco ao lado do motorista e ao menor sinal de risco assumem o volante;
2. Há os que sentam no banco de trás, mas ansiosos para pular para o banco da frente;
3. E existem alguns que sentam no banco de trás, caem no sono e só acordam quando o veículo chega ao destino.

É claro que minha preferência recaía sobre este último perfil, pois não víamos sentido na aquisição das marcas se não pudéssemos implantar nosso jeito de fazer e nosso estilo de gestão. E foi atrás de parceiros com esse perfil que fizemos uma "peneira" no mercado. O Moelis & Company listou 22 fundos de *private equity*. Desses, escolhemos oito para entregar informações preliminares. Seis manifestaram interesse em dar o passo seguinte. E abrimos negociações com quatro — todos com visão de longo prazo e com conhecimento do setor de educação, duas características cruciais para os planos da MoveEdu.

Recebemos as propostas financeiras dos potenciais investidores. Foi decepcionante. A avaliação ficou bem abaixo de minha expectativa. Vários fatores contribuíram para isso. Nos cálculos, os fundos incluíram, além do investimento para a compra de 30% do capital, o valor de outros recursos que eles injetariam na companhia (gente, por exemplo) e a estimativa de um retorno mais lento do que estavam habituados no mercado (afinal, não abriríamos mão da visão de longo prazo).

Ao mesmo tempo, a recessão foi tomando conta do país, os ativos se desvalorizavam acentuadamente. Havia muitas empresas boas a bons preços. Depois de descartar três fundos, avançamos com uma organização controlada pela família real de um pequeno país europeu e gerido por um dos príncipes.

A abordagem desse fundo diferia muito da pauta do que se praticava convencionalmente no mercado. Ao longo das diversas reuniões, seu representante no Brasil formulava perguntas que eram música aos meus ouvidos: "Qual o impacto social do negócio? Quantas pessoas se formam por ano nas escolas? Como os cursos impactam a vida dos estudantes?".

Além disso, o prazo de saída do negócio definido por eles se estendia por dez anos. Os valores da transação foram acertados e estávamos prestes a assinar o contrato quando me lembrei do alerta feito por um empresário com quem havia conversado: "Não seja sócio de um fundo se você não conhecer o dono. Executivos podem ser enviados a qualquer momento para outra posição ou país. Só o dono pode de fato se comprometer inteiramente com os princípios e valores". Com essa cisma na cabeça, pedi ao gestor do fundo no Brasil: "Quero conhecer o príncipe. Se for preciso, vou até a Europa".

Sua alteza, o príncipe

Não foi necessário cruzar o Atlântico. Semanas depois, o monarca desembarcou no Brasil e agendamos uma reunião no Hotel Radisson, na região da avenida Brigadeiro Faria Lima, em São Paulo. Na hora marcada, lá estávamos, eu e um dos diretores da MoveEdu, César Luchesi, diante do príncipe. Ele não usava coroa, manto, nem carregava um cetro. Mas os assessores o chamavam de alteza, e fui orientado a tratá-lo da mesma forma.

E, de cara, não houve química entre nós. Educado, elegante, de porte altivo, sua alteza demonstrou distanciamento e frieza em relação ao negócio que estávamos prestes a fechar. Faltava entusiasmo e brilho nos olhos — e isso para um empreendedor é um tremendo incômodo. E também não era agradável ser obrigado a chamar um sócio de "alteza"...

Além disso, participaram do encontro dois novos sócios brasileiros do fundo, que eu não conhecia. Recém-chegados à empresa, estavam interessados em mostrar serviço para o chefe e me bombardearam com perguntas durante a apresentação que eu fazia. Duas coisas sinalizaram que algo havia mudado. Primeiro: as questões sobre o impacto social da MoveEdu sumiram da mesa. Não ouvi nenhuma palavra sobre o assunto. Segundo: eles desconsideraram todos os termos já acertados até aquele momento, como se o negócio tivesse voltado à estaca zero. E o príncipe... quieto, só assistindo.

A reunião não acabou bem. Quando entrei no hotel, o negócio estava fervendo. Pouco mais de uma hora depois, ainda no elevador, uma rápida troca de olhares com o representante do fundo no Brasil deixou explícito que havia gelado.

Em alguns minutos de conversa no lobby, ele admitiu que a orientação do fundo havia mudado e que o retorno rápido dos investimentos teria mais peso. Ou seja, os gestores e acionistas não pareciam mais dispostos a esperar dez anos para alcançar os lucros, mesmo com nossos resultados crescentes e muito consistentes. A participação de fundos parecia descartada, e me lembrei de uma frase que ouvi de Carlos Alberto Sicupira, um dos sócios do 3G: "Se você não encontrar um investidor alinhado com seus valores e interesses, busque um sócio".

Entabulei conversa com três potenciais parceiros. Um deles disse que "era muita grana para ele". Outro também descartou: "Minha participação ficará diluída. O que vou agregar ao negócio? Qual será minha relevância?".

Eu aparentemente esgotara as possibilidades de algum tipo de parceria para concretizar a transação. E, quando essas possibilidades se esgotaram, surgiu uma oportunidade que eu não considerava possível até então. Era hora de transformar aqueles limões em uma limonada. As idas e vindas com os fundos e sócios trouxeram algumas revelações importantes do mercado.

Primeira: os fundos não se interessavam em adquirir sozinhos as redes da People, Microlins e S.O.S, pois as equipes de gestão permaneceriam na Pearson. É o que se chama de *drop-down* — a venda apenas dos ativos de uma empresa, sem incluir a transferência dos profissionais. Segunda: os concorrentes diretos da MoveEdu não tinham fôlego financeiro para arrematar as bandeiras. Os grandes grupos educacionais do país estavam concentrados em outras frentes, sobretudo no ensino universitário.

Ou seja, se eu não encontrara os parceiros ideais para aquela jornada, o grupo Pearson também enfrentava dificuldades na busca de candidatos para passar o negócio adiante. Com esse cenário desenhado, eu e César Luchesi organizamos uma reunião de mentoria com a participação da Endeavor e da Galeazzi & Associados, uma das mais prestigiadas consultorias em reestruturação de empresas do país.

Na saída, ainda no saguão do edifício da Galeazzi & Associados na Marginal Pinheiros, em São Paulo, tracei a estratégia para os próximos passos de transformar o limão numa limonada, como mencionei anteriormente. Se não havia ninguém interessado em me acompanhar, eu seguiria sozinho. Minha convicção em avançar no negócio permanecia viva, mas só concretizaria a aquisição se as condições fossem realmente muito boas.

Como presenciara várias vezes na infância, durante as reuniões de meu pai com clientes, chegara a hora de um freio de arrumação, uma esfriada nas negociações. Avisei a Pearson sobre a desistência do fundo europeu, reforcei meu interesse na aquisição das três marcas, e meu foco a partir daquele momento seria formular uma proposta factível. Em seguida, liberei a Pearson para buscar outros possíveis candidatos.

Depois, caí na estrada para um período de ócio criativo. Junto com Andrea, embarquei para Barcelona, apanhei uma motocicleta e juntos rodamos 2 mil quilômetros pela Europa até voltarmos ao ponto de partida. Em dez dias de viagem descansei do período intenso de caça a investidores ou sócios, mas não deixei de pensar no negócio. E quando retornei ao Brasil estava pronto para pôr em marcha o plano mais arrojado de minha trajetória como empreendedor.

Acordo final

Em 2016, o Brasil também estava mergulhando numa recessão muito pior do que a de quinze anos antes. A diferença é que, em 2001, a Precisão não estava preparada para a queda da atividade econômica. Em 2016, a retração foi paradoxalmente uma de nossas maiores aliadas. A MoveEdu se encontrava mais fortalecida graças à implantação da governança e da gestão voltada para resultados, e aproveitando a crise para conduzir negociações mais satisfatórias, a exemplo da que possibilitou a parceria com o Mauricio de Sousa.

Também tínhamos musculatura suficiente para bancar uma proposta de pagamento com recursos próprios, evitando assim aumentar um endividamento que historicamente era baixo, e assim queríamos mantê-lo.

Além disso, o mercado murchou, e os resultados já não confirmavam a estimativa de ganhos futuros utilizada pela Pearson para calcular o valor da transação, a chamada *valuation*. Por isso, a contraproposta, embora arrojada, era realista, tanto para a MoveEdu como para a Pearson. Com o modelo desenhado, chamei o pessoal do Moelis & Company e disse: "Vamos levar a proposta para a Pearson e se eles aceitarem a gente toca esse trem adiante".

Experiente nesse tipo de negociação, num primeiro momento o Moelis avaliou que o desconto solicitado e a forma de pagamento poderiam parecer "forçação de barra". "Bem, vamos em frente. O máximo que pode acontecer é receber um não", retruquei.

Mas o que recebemos foi um "sim".

Não demorou muito e recebi um telefonema de Erick Alberti, um dos sócios do Moelis, com duas notícias, uma boa e outra nem tanto. A boa: os ingleses aceitaram o preço proposto por mim. A outra notícia: eles não toparam as condições de pagamento. Enfim, a Pearson havia emitido um ótimo sinal — a empresa estava no jogo.

Nas semanas seguintes, eles nos bombardearam com sugestões de outras formas de pagamento. Nós devolvíamos com novas contrapropostas. Esse vaivém é típico de um processo de negociação, embora nem por isso deixe de ser desgastante. Em certo momento, argumentei que jamais havia blefado com a Pearson.

"Nesse filme que estamos vivendo juntos, houve algum capítulo diferente do que eu prometi?", perguntei a um executivo da Pearson. "Sempre mantive vocês informados de cada passo na busca por sócios e investidores. Quando as conversas com o fundo da família real europeia naufragaram, por exemplo, avisei imediatamente. Sei que a condição de pagamento difere da prática no mercado, mas sei onde estamos colocando o pé nessa história. Não estou pleiteando vantagem para mim. É que não consigo oferecer uma forma de pagamento diferente. Com ela, a Pearson não terá problema para receber."

Em contrapartida, ofereci reforço na segurança do contrato com garantias mais concretas, como a hipoteca de um imóvel, entre outras. Desde o dia em que assinamos o contrato definitivo, em 24 de maio de 2017, começamos o processo de integração das novas bandeiras e a identificação de potenciais negócios que podem surgir para a MoveEdu e nossa rede de franqueados.

Juntos, temos o desafio de manter e difundir nossa cultura com a chegada de novos parceiros da People, S.O.S e Microlins. Esse é um ingrediente fundamental para que a integração seja bem-sucedida. A forma correta, a meu ver, é seguir o seguinte lema: "A palavra convence; o exemplo arrasta".

Cultura perene

No processo de contratação de Guilherme Maynard, atual diretor da bandeira Prepara Cursos, eu o convidei para conhecer a sede do grupo e, depois da entrevista, para almoçar. Levei-o ao restaurante de um posto de combustíveis na esquina mais próxima. O que poderia parecer pão-durismo sinalizou para ele uma cultura empresarial baseada na parcimônia dos gastos e forte no controle dos custos.

Numa empresa, custos menores representam margens maiores. Nada contra refeições em bons restaurantes regadas por vinhos de primeira. Mas deixe para desfrutar dessas benesses da vida na pessoa física com o dinheiro conquistado com o resultado de seu trabalho — essa é a filosofia. Mais de uma vez, Guilherme comentou que a atitude de parcimônia se tornou um fator que o atraiu para integrar nosso time.

Tempos atrás, soube com satisfação que Camilo Carvalho, diretor da bandeira Ensina Mais, viajou a Recife e lá permaneceu por dois dias. Nesse curto intervalo de tempo, treinou 98 profissionais de representação comercial da Prepara Cursos e outros quinze da Ensina Mais. De quebra visitou um ponto da Pingu's, que seria inaugurado na cidade logo depois. Enfim, otimizou ao máximo o investimento da viagem.

A cultura de um negócio é moldada à imagem e semelhança de seu fundador. A Apple tem a cara de Steve Jobs, com seu perfeccionismo, estilo sanguíneo e até mesmo certo distanciamento que o mercado identifica na empresa. Aqui no Brasil, as empresas controladas pelo fundo de investimento 3G carregam o jeitão do trio de fundadores, Jorge Paulo Lemann, Beto Sicupira e Marcel Telles: uma cultura agressiva, baseada na meritocracia e sem tolerância para resultados ruins.

A transmissão da cultura em uma empresa exige um envolvimento direto do líder, seja através do exemplo, seja no desenvolvimento de políticas que institucionalizem algumas práticas e valores. Em empresas familiares (e em algum momento todas são familiares), o desafio ganha dimensões maiores. A figura do empreendedor tem muita força e, em geral, ele concentra excessivamente as decisões.

Com o tempo, essa presença cheia de energia, que garantiu a expansão do negócio, pode se transformar em um entrave, pois as decisões ficam mais lentas e os laços emocionais entre o líder e a empresa se tornam mais estreitos, dificultando mudanças necessárias à evolução. Por isso, há tantos casos em que a sobrevivência de companhias familiares fica ameaçada pela estagnação e pela acomodação de interesses.

Não existe regra ou fórmula para garantir a perenidade de empresas com essa origem. Há histórias muito bem-sucedidas de transição — como, aliás, a troca de mãos dos negócios de meu avô para meu pai na Taiuva Comércio de Café. Ou mesmo de grandes grupos corporativos, a exemplo do Votorantim, do Gerdau, entre outros.

São exceções. Um dos principais estudiosos do assunto no Brasil, o consultor Renato Bernhoeft, disse em entrevista à revista *Istoé Dinheiro* que 67% das companhias familiares não chegam à segunda geração. Elas tropeçam na sucessão e na falta de governança. Esse tema me mobiliza bastante. Meu único filho, André, cursa administração de empresas na ESPM, em São Paulo. Ele será acionista da MoveEdu — e isso não é opção, pois herdará minha participação na companhia. Para isso, está sendo preparado desde criança. O que será uma opção é trabalhar ou não na gestão da empresa. Pode ser que prefira seguir uma carreira no mercado ou até empreender a partir de um projeto próprio — essa decisão será dele. Caso escolha o primeiro caminho (assumir uma posição na gestão da MoveEdu), há um roteiro a ser seguido, como trabalhar durante um período significativo em outra empresa como funcionário.

Um estudioso de empresas familiares, Ivan Lansberg, da Kellogg School of Management da Universidade Northwestern, nos Estados Unidos, mostra que o grande desafio está em separar o que chama dos "três chapéus" que o empreendedor obrigatoriamente carrega. O primeiro é o de membro da família (pais, irmãos, filhos, esposa). O segundo é o de acionista. E, por fim, há o de executivo da empresa.

Cada um desses papéis tem o mesmo nível de importância, mas um não deve prevalecer sobre o outro. Eles não podem se misturar, embora precisem estabelecer um meio de convivência pacífica e respeitosa. Em certo momento, os chapéus devem ser entregues a outras pessoas, sejam da própria família ou profissionais.

Em nosso planejamento estratégico, essa opção está prevista, com o programa de *stock options*, com distribuição de participações no capital da empresa para alguns gestores. Com isso, quero que tenham não apenas a dor e a cabeça de donos, mas também a legitimidade de donos. Mas isso não basta. Uma tarefa crucial que o empreendedor deve impor a si mesmo é transmitir os princípios e valores que o nortearam (e serviram de base para a construção da empresa) para suas equipes. Sabendo que sua visão se espalhou pela organização, ele também se sentirá seguro para delegar e abrir espaço para os colaboradores. A questão é: como fazer isso?

Comece adotando o lema que já citei: "A palavra convence; o exemplo arrasta". Suas opiniões, suas ideias, seus princípios, seus sonhos, sua paixão e sobretudo seu comportamento influenciarão o time que o acompanha. Essa é a essência da liderança. Anos atrás, comecei a fazer atividades físicas com regularidade, em dias e horários preestabelecidos. Pois logo diversos colaboradores passaram a malhar ou correr, o que representou uma vitória de um princípio que considero crucial: o equilíbrio e a qualidade de vida.

César Luchesi, um dos diretores da empresa, entendeu o recado durante uma reunião de diretoria, quando levantei, me despedi e saí, pois tinha um importante evento na escola de meu filho. É a força do exemplo. Em outra ocasião, Camilo Carvalho relatou uma passagem semelhante:

> Numa feira da Associação Brasileira de Franchising, em 2012, quando desmontamos o estande, não havia gente para levar o material encaixotado para a van que havíamos contratado para o transporte. De repente, vejo o Rogério colocar uma caixa no ombro e levá-la para o veículo. Ao presenciar a cena, outros funcionários fizeram o mesmo. Vou dizer uma coisa: aquela cena me deu uma tremenda disposição para carregar caixas e mais caixas.

Quais mensagens eu pretendia transmitir ao carregar as caixas? Pelo menos duas. Uma: estávamos todos no mesmo barco. Segunda: não existe alto desempenho com baixo esforço. E como difundir de forma constante a filosofia que orienta a atuação de um empreendedor? O primeiro passo é influenciar quem está imediatamente no seu entorno. Quanto mais bem-sucedido, mais o empreendedor se transforma numa referência e inspira as pessoas ao seu redor. Não apenas outros aspirantes a empreendedores, mas também seus funcionários.

Para que a cultura se propague, é preciso desenvolver um sentimento de dono entre os colaboradores, estimulando o envolvimento e a iniciativa do pessoal. Um de nossos programas mais bem-sucedidos chama-se Gente que Faz. Cinco grupos se formaram. Cada um se dedica a um tema voltado para a melhoria do ambiente de trabalho, como esportes, cultura, infraestrutura e mais alguns.

As reuniões ocorrem sempre durante o expediente. Os times podem propor qualquer tipo de ação ou iniciativa, mas, ao mesmo tempo, devem prever a fonte de recursos para concretizá-la. Essa é a cereja do bolo. Uma das ideias foi promover aulas de violão. Outra, colocar uma mesa de pingue-pongue na sede, um espaço de vivência e relaxamento. Legal. Agora, eles estão estudando como vão comprá-la.

O programa Gente que Faz trabalha com o princípio do *empowerment*, que no Brasil gerou o neologismo "empoderamento", isto é, proporcionar mais autonomia e poder de decisão às equipes internas. Isso requer uma mudança profunda do próprio empreendedor. Ele precisa desenvolver a tolerância ao erro — caso contrário, o líder torna as pessoas receosas de correr riscos, e isso é uma precondição para a inovação e quebra de paradigmas.

Família MoveEdu

Há centenas de histórias de franqueados, funcionários e parceiros em geral que ilustram o espírito do que chamo de "Família MoveEdu" — antes o nome era "Família Prepara". Uma delas é de Silvia Primo; outra, do casal Poliana de Souza Guedes Ignácio e Júlio César Ignácio.

Em março de 2010, Silvia Primo Gomes ganhava salário mínimo como balconista de uma farmácia de Feira de Santana, na Bahia. Um dia recebeu na rua um panfleto da Prepara Cursos. Com a ajuda da mãe, matriculou-se nos cursos de Excel e Rotinas Administrativas. "Na terceira aula, eu estava encantada", contou-me ela em certa oportunidade.

Logo, ela percebeu que ali havia um negócio poderoso. Por que não montar uma escola da Prepara Cursos em sua cidade, Conceição de Jacuípe, localizada a menos de trinta quilômetros de Feira de Santana? Sem um tostão no bolso, saiu atrás de possíveis sócios. Numa dessas tentativas, conversou com a dona de uma escola particular na cidade e a convenceu a investir em uma franquia da MoveEdu, em janeiro de 2011.

Mal esperaram três meses e partiram para uma segunda investida, abrindo duas unidades, uma em Alagoinhas e a outra em Camaçari. Logo depois, Silvia comprou a parte da sócia com o dinheiro de um empréstimo bancário feito pela mãe, da indenização trabalhista do irmão e da venda de uma moto. Em oito meses, sanou todas as dívidas e comprou um carro. Em 2013, participou de uma convenção de franqueados da MoveEdu e saiu de lá com as licenças de mais quatro municípios: Candeias, Pojuca, Dias D'Ávila e Santo Amaro da Purificação, berço de Caetano Veloso e Maria Betânia.

A segunda história também começa com uma ex-aluna de uma unidade da Prepara Cursos, em São José do Rio Preto. Seu nome é Poliana Ignácio. Concluído o curso, ela começou a trabalhar como funcionária na própria escola e, tempos depois, foi contratada pelo máster franqueado da região. A essa altura, ela sugeriu o nome do marido, Júlio César Ignácio, para uma vaga de trabalho na sede da MoveEdu. Na entrevista, identificamos nele espírito empreendedor e uma capacidade de fazer acontecer.

Na ocasião, a franquia de Ilha Solteira, no interior de São Paulo, andava mal das pernas. Por que o casal Ignácio não comprava a escola e tentava recuperá-la? Proposta feita e aceita. Poliana e Júlio recorreram às economias feitas durante uma temporada em Barcelona, quando trabalharam em serviços braçais. Eles se mudaram para Ilha Solteira e passaram a morar dentro da própria escola para não gastar com aluguel. O esforço rendeu resultados, e em pouco tempo o desempenho da franquia deu uma guinada, o que os motivou a adquirir uma segunda unidade, em Jales, também no interior de São Paulo. Hoje eles têm casa e carro próprios e recentemente voltaram a Barcelona, dessa vez para passear.

Em mais de 25 anos de empreendedorismo, colhi vitórias e derrotas — e felizmente as primeiras foram muito mais numerosas. Mas nenhuma conquista supera em satisfação o momento em que sinto que nossa missão está sendo cumprida, como revelam as trajetórias de Silvia Gomes e do casal Ignácio. Nada me empurra para a frente com tanta força como presenciar e participar de uma história como essa. Ela resume o impacto social e a capacidade de proporcionar "sucesso, satisfação pessoal e reconhecimento", como prevê a missão de nosso grupo.

Na Precisão, minha equipe e eu conhecemos o apogeu fulminante e a queda brusca, mas nessa caminhada fincamos os alicerces para erguer a MoveEdu, que em pouco mais de dez anos assumiu a liderança do mercado brasileiro de ensino profissionalizante e, com a incorporação da S.O.S, People e Microlins, o posto de maior rede do setor no mundo. Isso só foi possível porque tanto nas passagens mais angustiantes dos tempos da Precisão (fechamento de lojas, demissão de colaboradores, atraso nas contas, entre outras tantas dificuldades) quanto nos momentos mais promissores (a aquisição das novas bandeiras e os diversos prêmios conquistados nos últimos anos, por exemplo) não perdemos a essência do empreendedorismo: a capacidade de sonhar grande e fazer a diferença na sociedade, melhorando a vida das pessoas.

Foi também nesse período de altos e baixos que se formou o espírito da "família Prepara" que citei anteriormente. Construímos uma relação de confiança e fortalecemos o relacionamento entre todos os membros do grupo. Como na maioria das famílias, os irmãos são diferentes entre si, discutem uns com os outros, mas no final do dia todos se abraçam. Como na maioria das famílias, podemos nos queixar internamente e criticar uns aos outros. Não permitimos, porém, que outros falem mal de nossos parentes e de nossa casa. Como na maioria das famílias, cada um cede um pouco em nome da harmonia. Não existe a relação "eu mando, você obedece". O espírito de apoio mútuo se estende para toda a cadeia de negócios, inclusive para a rede de franqueados.

O que me motiva

Hoje a MoveEdu é uma companhia sólida e reconhecida pelo crescimento baseado no uso da inovação e da tecnologia. Sua liderança no mercado se consolidou ainda mais com a incorporação das bandeiras S.O.S, People e Microlins. Não seria então o caso de desacelerar, reduzir o ritmo de trabalho, passear mais etc.? O que me faz levantar da cama todos os dias de madrugada, tão motivado como nos dias em que a Precisão e depois a MoveEdu davam seus primeiros passos?

Para manter a chama acesa, a MoveEdu não vai abandonar sua trajetória de crescimento — e isso não é uma opção; é obrigatório. No livro *#VQD — Vai que dá!*, o final do texto que retrata a história da empresa afirma o seguinte:

> Rogério promete novidades, mas não tem pressa. Não se trata apenas de um estilo pessoal, mas de um compromisso documentado na própria visão da empresa, que pretende ser líder em educação e treinamento. Pode parecer muito, mas há 23 anos, quando era pouco mais do que um estagiário, Rogério Gabriel já sonhava em contratar seu chefe. Pode ter levado um tempo, mas ele atingiu seu objetivo. Portanto, não é bom duvidar de suas intenções.

Hoje, em 2017, passados três anos desde a publicação do livro, dezesseis anos depois da queda das Torres Gêmeas que levou o mundo a uma crise mundial e a Precisão aos seus últimos suspiros, e treze anos após eu aparafusar a primeira carteira para receber o primeiro aluno, a MoveEdu acaba de dobrar de tamanho para se tornar a maior empresa de ensino profissionalizante do mundo, com 1100 escolas, 390 mil alunos e 10 mil empregos diretos em suas escolas — uma conquista que aconteceu durante uma das mais severas crises econômicas da história do país, com queda de quase 8% em dois anos, 13 milhões de desempregados e 165 mil lojas fechadas no varejo.

É hora de diminuir o ritmo? Nem pensar. No dia seguinte à assinatura do contrato de aquisição das três bandeiras, já estávamos pensando nos próximos passos — ousados, mas criteriosos. O sonho continua grande, e a vontade de fazer acontecer e impactar positivamente a vida das pessoas é ainda maior. Cabeça nas nuvens, pés no chão e olhos no futuro.

TIPOGRAFIA Arnhem Blond

DIAGRAMAÇÃO acomte

PAPEL Pólen Bold, Suzano Papel e Celulose

IMPRESSÃO RR Donnelley, outubro de 2017

A marca FSC® é a garantia de que a madeira utilizada na fabricação do papel deste livro provém de florestas que foram gerenciadas de maneira ambientalmente correta, socialmente justa e economicamente viável, além de outras fontes de origem controlada.